最高人民检察院　中央广播电视总台 CCTV

大检察官说

中国检察出版社

图书在版编目(CIP)数据

法治中国说:大检察官说/最高人民检察院编.— 北京:中国检察出版社,2019.3
ISBN 978-7-5102-2270-2

Ⅰ.①法… Ⅱ.①最… Ⅲ.①检察机关-工作-研究-中国 Ⅳ.①D926.3

中国版本图书馆CIP数据核字(2019)第043531号

法治中国说·大检察官说

出版发行:	中国检察出版社
社　　址:	北京市石景山区香山南路109号(100144)
网　　址:	中国检察出版社(www.zgjccbs.com)
编辑电话:	(010)86423703
发行电话:	(010)86423726　86423727　86423728
	(010)86423730　68650016
经　　销:	新华书店
印　　刷:	北京华联印刷有限公司
开　　本:	787mm×1092mm　16开
印　　张:	13.5
字　　数:	208千字
版　　次:	2019年3月第一版　2019年3月第一次印刷
书　　号:	ISBN 978-7-5102-2270-2
定　　价:	60.00元

检察版图书,版权所有,侵权必究
如遇图书印装质量问题本社负责调换

在检察机关我们提出来,要向社会提供优质的法治产品、检察产品。案件就是一个产品,在监督中办案,在办案中监督,老百姓在办案中感受到了公平正义,我们的产品就成功了。

——张 军
最高人民检察院党组书记、检察长
首席大检察官

目　录

法治中国说
大检察官说

001
———
刑事法律监督

045
———
牵住司改的"牛鼻子"

087
守护成长

135
以公益的名义（上）

173
以公益的名义（下）

∨

刑事法律监督

聂树斌案、呼格吉勒图案,在这一系列冤假错案得以纠正的同时,我们也在反思冤假错案发生的原因究竟是什么?

  周光权:从侦查、起诉到审判都是专业人士,为什么还会出现错误?

  孙 谦:作为"法律的守护人",我们是怎么守护法律的呢?

人民检察院的刑事法律监督到底监督了什么?它如何成为防止冤假错案的重要防线?

  孙 谦:防止暴力取证和刑讯逼供。

  陈卫东:保障刑事诉讼的公平、公正,特别是被追诉人的合法权益。

面对焦点案件、热点问题,大检察官如何回应?
  全流程介入,多形式监督,听大检察官谈刑事法律监督的措施与成果。

路一鸣 　古罗马有一位法学家曾经说过,法律是公平正义之术。公平正义,这是我们普通民众一直以来对法律的深切期许,也是法律精神的精髓和灵魂所在。

所以在实际生活中,一旦出现了冤错案件,它立即就会成为全社会关注和热议的焦点。那么在司法的过程中,尤其是在刑事诉讼中,怎么才能保证让有罪受到追究,让无辜受到保护,让违法得到纠正呢?法律监督机关,也就是我们的人民检察院在其中履行的职责就必不可少。

今天,来到我们现场的这位大检察官,将会就刑事法律监督这个话题和我们深入探讨。

首先为大家介绍一下来到节目中的三位法学家:中国政法大学教授卞建林、中国人民大学法学院教授陈卫东、清华大学法学院教授周光权。现场还有来自全国各地的基层检察官们,15位我的同行媒体届的代表,以及对这个话题特别关注的我们的观众代表。欢迎大家!

接下来我们就要认识一下今天的主角,这位大检察官。

孙 谦
最高人民检察院副检察长
二级大检察官

> 检察官是一个什么职业呢？我感觉用通俗的话概括，它是一个法律的守护者。
>
> 这个职业是越做越害怕，害怕什么呢？害怕由于我们执法理念和职业技能的不足，出现冤错案件。每每发现这样的案件，我们确实是感到无地自容。所以我们怎么样防止这些错误给我们人民带来的伤害，给国家形象和法治带来的伤害，是我们每天要提醒自己的。
>
> 由于社会的发展，法律也越来越细密，越来越复杂。执行好法律，公平地对待每一个当事人，是我们的客观义务，是我们的责任。

 最高人民检察院

孙 谦

大家好!非常高兴就检察机关的法律监督,特别是刑事法律监督,与大家进行交流和互动。

在社会生活中,人们对人民法院,对公安机关,了解得比较多,知道他们是做什么的。但是对检察机关恐怕有很多人不是特别地了解。

人民检察院的职责

根据我们国家《宪法》第134条的规定,中华人民共和国人民检察院是国家的法律监督机关。所以我们记住,

它的宪法定位是法律监督机关,它的职责是维护和保障国家法律的统一正确实施和尊严。

我们国家《人民检察院组织法》也规定,检察机关通过行使检察权追诉犯罪,来保障国家安全和社会稳定,来保护公民个人和组织的合法权益,来保障法律的统一实施,来维护社会的公平正义。

我们今后再说到检察院，就知道它是一个法律监督机关。

那么检察机关是怎么监督和保障法律实施的？国家那么多的法律，检察机关怎么来维护？

这里我想从两个方面来给大家做个介绍。简单地说，

检察机关保障和维护法律八个字，叫"追诉犯罪"和"纠正违法"。

检察机关纠正违法，它有特定的范围，就是纠正刑事侦查活动中、法院审判活动中、监狱改造活动中的违法情形。

对这些活动中的违法情形进行监督，保证我们的执法、司法的公正，这是检察机关法律监督的核心要义。

通过这种监督，发现侦查、审判、执行中的违法情形，提出纠正意见，甚至提出抗诉，来保证法律在诉讼中得到统一正确的实施。

追诉犯罪，就是检察机关代表国家，根据事实和法律对当事人是否有罪，是否需要逮捕，是否需要起诉来作出决定，启动刑事追诉程序。

所以，检察机关就是通过纠正诉讼中的违法和追诉犯罪来维护国家法治。

刑事法律监督的内容

在很多国家,把检察官叫作"法律的守护人"。

那么说到这里,我想大家对检察机关的职能,对刑事法律监督,有了一定的了解。具体讲,

刑事法律监督,它是维护所有法律的底线,维护刑事法治是我们法治最基本的要求。

刑事法律监督包括哪些内容?

首先,对刑事侦查活动进行监督。

刑事案件发生之后,就要启动立案侦查等。立案侦查活动有一定的保密性,是不公开进行。但是这个过程直接涉及公民的权利、财产的安全是不是合法地被限制和被剥夺。

因此，检察机关对刑事侦查活动进行监督，一个核心的问题就是保障刑事侦查活动的合法性，防止刑事侦查过程中侵犯人权和非法剥夺其他财产的违法情形的发生。

对于侦查活动监督的第一点，就是**刑事案件发生后是不是立案，检察机关有权监督**。

对于应当立案而没有立案的，检察机关有权向侦查机关提出说明理由或者通知立案。对于不应当立案而立案的，也有责任进行监督。比如说，有些不构成刑事犯罪的经济纠纷，或者是合同纠纷，而有的侦查机关作为诈骗等来追究的，检察机关发现以后，也会提出纠正意见。

2013年到2017年以来，我们几乎每年追究这类案件在两万件左右。

对于侦查活动监督的第二点，就是**防止暴力取证和刑讯逼供**。

对于侦查中出现的违法情形，及时地提出纠正意见，保证侦查活动依法进行。对于严重违反法律，构成犯罪的，检察机关有权提出纠正意见和进行刑事追诉。

对于侦查活动监督的第三点，就是**批准逮捕**。

公安机关在侦查犯罪的过程中，认为有必要逮捕犯罪嫌疑人的时候，要提请人民检察院来批准。我们国家《宪法》第37条第2款明确规定，任何公民，未经人民检察院批准、决定或者人民法院决定，并由公安机关执行，不受逮捕。

逮捕是限制人身自由的一个最强烈的强制措施，涉及人的自由，这是个非常重大的问题。

公安机关需要逮捕的时候，必须经过检察机关批准。

检察机关通过审讯，通过查阅已有的证据，确定他是不是犯罪了，他犯什么罪了，有没有确凿的证据。所以我们看到批准逮捕是防止冤错案件的重要关口。这是我讲的行使法律监督的第一个方面，对刑事侦查活动的监督。

其次，对刑事审判活动进行监督。

审判活动就是人民法院通过庭审，最后确定犯罪嫌疑人有罪无罪，多大的罪，判多少年。所以判决、裁定是司法中最具权威性和决定性的一种活动。

人民法院也毕竟是公权力，审判活动也依法应当受到监督。

对人民法院审判活动进行监督，也写进我们国家的刑事诉讼法，并且作为一项原则。对审判活动中违反法律程序的行为，检察机关有权提出意见。

更重要的是，刑事判决裁定之后，人民检察院认为确有错误的，我们可以提出抗诉，或者提出检察建议，启动人民法院的二审或者再审，来保障刑事法律在司法实践中得到顺利的进行。这是我介绍的刑事法律监督的第二个方面。

▲ 新疆维吾尔自治区石河子市人民检察院检察官张飚依法履职，坚持5年多不懈努力，推动张氏叔侄冤案再审。2013年3月26日，浙江省高级人民法院再审宣判，宣告张辉、张高平无罪。

最后，对刑事执行活动进行监督。

一个人犯罪，他要付出被限制人身自由的代价。那么他要到监狱去改造。

对监狱改造活动是否合法，也需要进行监督。

这个职责也是根据法律规定，由人民检察院来承担。

对改造罪犯活动中出现的违法情形，一定要实行监督。有些犯人得病了，是否得到及时的救治？他的控告申诉权利是否得到了保障？依照法律没有被剥夺的权利，是否得到了保障？如果出现违法情形，检察机关都要提出纠正意见。

▲ 为激发刑事执行检察新活力，增强检察机关法律监督实效，最高人民检察院针对派驻监狱检察人员相对固定，导致监督敏感性不强甚至被"同化"的问题，在山东等12个省份部署开展监狱巡回检察试点，改"派驻"为"巡回"。图为2018年8月27日召开检察机关对监狱实行巡回检察试点工作座谈会。

这就是我介绍的刑事法律监督的三个方面。由此看到，我们的责任非常重大，我们的使命也非常光荣。我们进入了新时代，人民对公平正义、民主法治、安全环境有了更高的期待，这给检察机关提出了更高的要求。

刑事法律监督的工作理念

习近平总书记要求我们一定要保障法律的实施，要严格执法，公正司法，维护宪法和法律的权威与尊严。要让人民群众在每一个司法案件中感受到公平正义。

那么做到这些，我们还要付出很大的努力，最关键的就是我们要有正确的思想和理念。

第一，检察官必须崇尚法治，检察官要对法律有敬畏之心，要尊重法律的精神和具体的条文，尊重事实，要把法治作为我们内心的根本追求。

我们生活在社会生活中，都会受到各种规则的约束，任何组织、任何个人都不例外。那么从这些规则看，高级的有信仰、有道德、有各种纪律，我们发现最底线是谁？是法律。如果一个社会没有底线，就什么都没有了。

所以我们说，

法治不是高级的，它是一个基本的要求，没有法治就什么都没有了。

我们也讲法治不是万能的，但是没有法治是万万不能的。

第二，我们要尊重和保障人权，牢固地树立人权观念。

我们注意70多年来，联合国发布了很多文件，其中关于检察官的责任也好，关于司法的责任也好，很多涉及保障犯罪嫌疑人、被羁押人的安全问题。因为这个时候，若忽视他的人权，司法当局对他施以什么样的暴力、什么样的手段都似乎名正言顺、顺理成章了，那么屈打成招就来了。

我们如果真正地保障了犯罪嫌疑人、被告人的人权，我想冤假错案的发生概率会很低很低。

因此，保障犯罪嫌疑人、被告人的人权，是我们每一个司法者的责任，也是我们作为"法律守护人"，作为法律监督机关的责任和义务。

第三，我们要坚持理性、平和、文明的司法。

我们说司法是公平的艺术，它也是理性的活动。当一个重大的刑事犯罪案件发生之后，我们老百姓人人喊打、义愤填膺，甚至人人喊杀，这都是可以理解的。但是作为具体处理案件的司法人员，不能有这种仇恨和义愤。如果把这种仇恨和义愤带入处理案件过程中，你很难做到理性，你很难给他公平。

而我们司法人员，我们的责任是什么？是给他公平。**不管他犯了多大罪，我们司法的责任，就是给他公平，公平地处理这个案件。**

既无不及又无过度，应当成为我们的职业信条。

监督者更要接受监督

最后一点,作为法律监督机关,作为法律的守护人,必须接受监督。

我们检察机关也是公权力,公权力都要接受监督。我们经常讲,甚至我们几代检察长都告诫我们,

要像监督别人那样监督自己,同时要高于别人,要比监督别人更严格来约束我们自己。

因为我们的使命重大,我们的责任重大。

我们在看那些冤错案件的案卷的时候,经常感到无地自容,感到特别特别地难过。为什么?这些冤错案件的出现,哪一个不与检察院有关系呢?不是我们逮捕的,就是我们起诉的。我们是怎么守护法律的呢?

所以，要想真正地履行好我们的使命，约束好我们的权力，使我们严格地规范地按照法律指引的方向前进，才能履行好我们的职责。

还有更重要的一点，倾听人民的呼声。

宪法法律规定了人民检察院独立行使检察权，但是这与倾听人民的呼声并不矛盾。人民高兴不高兴，满意不满意，答应不答应，应当成为检验我们是不是人民检察院的根本标准。

我们进入了新时代，中国特色社会主义建设进入了新时代，中国特色社会主义法治也进入了新时代。我们正在法治的道路上前进。习近平总书记讲，法治是走向文明的必由之路。所以在坚守法治、推进法治中，我们深感自己的责任重大。我们知道人民的期许，也知道国家的重托。

我们会在以习近平同志为核心的党中央的坚强领导下，做忠诚、坚定、善良、公正的法律守护人，为我们的人民提供一个安全、祥和的学习、工作、生活环境，为实现我们的中国梦，作出我们的努力和贡献。谢谢大家！

刑事法律监督贯穿诉讼的全流程，在实际案件中，它的成效如何？

周光权：于欢案。

卞建林：王玉雷案。

陈卫东：昆山龙哥案。

周光权：最高人民检察院几乎是在第一时间介入。

卞建林：取得了非常好的效果。

 如何处理好与监督对象的关系？昆山龙哥案办案检察官来到节目现场，分享自己的办案体会。

路一鸣：他到底是正当防卫，还是防卫过当，还是故意伤害呢？

丁海涛：实际上这个事情公安机关也很重视。

王　勇：当天夜里11点半，公安机关就邀请了昆山检察院的同志提前介入。

卞建林
中国政法大学教授

陈卫东
中国人民大学法学院教授

周光权
清华大学法学院教授

路一鸣 ｜ 感谢孙谦大检察官给我们带来的精彩演讲。

可能很多人听完您的演讲，终于明白了，检察机关的监督过程是从侦查、审判一直到执行，也就是改造的过程，是全程监督的。为什么要赋予检察机关这样的权力呢？它的意义在哪儿？

孙　谦 ｜ 这个是我们国家法律的一种制度设计。

我们会注意到，在中国所有的执法、司法机构中，真正全程的参与其中的就是检察院。这是一种设计，一种保障法律实施的需要。

我们从侦查到审判到执行进行监督，主要还是保障刑事诉讼的依法进行，保障追诉犯罪的规范和合法。

它的价值追求就是保证执法、司法的公正。它是这样一个设计理念。

刑事法律监督有效避免冤假错案

路一鸣 这也是给我们普通的公民一种司法的保障。那我问问我们对面的三位法学家,就这样的制度设计,它在实践中都起到了什么样的效果?

周光权 刑事案件最高的境界是天下无冤,是无冤这样一个境界。但是这个境界要做到是不可能的。只不过说,作为司法人员来讲,确实要心向往之,要去追求这个目标。

检察机关在整个诉讼流程当中,确实是为了保证司法的这种无冤的境界,在做它最大的努力。

刚才讲到这个全流程的监督,以我的这个专业范围来讲,我有两个案子印象特别深。

一个就是前不久发生的昆山龙哥的案子,那个案子我觉得检察机关办得很漂亮。那么类似那个案子是诉讼的前端,检察机关就介入。

另外一个跟防卫有关的,就是去年的于欢这个案子。于欢这个案子和苏州的昆山龙哥案有点区别,就是说一审已经判了,检察机关起诉后，法院判了被告人于欢无期徒刑。这个时候检察机关介入，而且最高人民检察院几乎是在第一时间介入，组织了很多专家讨论，而且两次组织专家讨论，这两次专家的讨论我都参加了。

我深切地体会到检察机关在纠正冤假错案，行使法律监督权当中的各种的不容易，确实是做了最大的努力。

卞建林

那么我也举一个案例，这说明了检察机关在正确履行职责过程当中，避免了一起冤假错案，就是河北省发生的王玉雷案。

基本的案情是这样的，河北省顺平县发生了一起凶杀案件，王玉雷本是报案人，由于侦查机关立案侦查以后，逐步地缩小范围，锁定嫌疑人，把王玉雷错当为犯罪嫌疑人。

报案人王玉雷

我们的检察官在履行审查批捕的环节，首先对案件的事实和证据进行了细致的分析，发现了案件之中的蹊跷之处，他的胳膊有受伤的迹象、打着石膏等。所以发现了这些蛛丝马迹以后，检察机关细心地排查，耐心地做犯罪嫌疑人的工作，最后发现侦查机关本身在侦查取证过程当中有违法的取证现象,所以首先作出不批捕的决定,这个还是初步的工作。

由于这个案件里面存在着非法取证,那么也就存在着侦查机关有可能违法侦查的现象,这样子有可能就放纵真正的罪犯。所以检察机关又提出了退回补充侦查的意见,给侦查机关提供了一种思路。

根据检察机关的建议,特别是检察机关的自身努力,最后查获了真正的犯罪嫌疑人。

所以通过这样的一个案件,检察机关正确地履行法律赋予的批捕的职能,避免了一些冤假错案的发生,又及时保障了犯罪嫌疑人王玉雷的合法权益,同时还没有放过真正的罪犯,使得这个案件从各个方面都展示了制度的设计,在司法实践里面取得了非常好的效果。

路一鸣 在一个全流程或者叫全过程的法律监督的过程当中,检察机关该什么时候介入?

我问一下陈老师,检察机关在履行监督职能的时候,介入的时间点有什么讲究?

陈卫东

如果说公安机关负责的是"头",它是侦查;法院负责的是"尾",它是判决,当然最后还有一个执行;那么人民检察院则是整个诉讼的活动,全程参与。

这个点在哪里呢?这个点从立案开始,还不是说立案后的侦查。

刚才孙检在演讲中提到了,不知道你注意到没有?**每年,从2013年到2017年,检察机关关于立案和不立案的监督的案件数量大约在两万起,这很重要啊!**

当发生了刑事案件,特别有被害人的时候,比如说你们家被盗了,你去报案,公安说这个不构成刑事案件,不给你立。你什么感觉?

(路一鸣:我很无助,很绝望啊。)

对,这时候,人民检察院都有一个职责,进行立案监督,包括应立而不立的,或者说不该立而立的这样的一种监督。

所以**人民检察院作为"法律的守护人",贯穿着刑事诉讼的全过程。对于保障刑事诉讼的公平、公正,特别是被追诉人的合法权益的维护至关重要。**

检察机关行使侦查监督职能的边界

路一鸣

说到这里,我们大概对监督的职能有一个全面的理解了。

但是刚才卞老师提到的王玉雷的案件,检察院除了监督之外,甚至还提出了补充侦查的具体的指导意见,然后让公安部门抓住了真正的凶手。所以不仅是一个犯罪嫌疑人洗脱了自己的不白之冤,同时也让真正的罪犯得到了追究。

这个侦查,我们的惯常理解都是公安部门的职责。这里边检察机关的职责也包含这些内容吗?

卞建林

这个问得好。

这个王玉雷的案子确实是,最后的结果是比较完美,既没有放过真正的罪犯,又没有冤枉无辜。其中涉及检察机关在履行批捕的职能过程当中,还对侦查活动提出了一种指导性的意见。

就是一方面指导侦查机关按照法律的规定,同时依照起诉的需要去收集证据;另一方面又监督侦查机关严格按照法定程序,以合法的手段去收集证据。

▲ 王玉雷案真凶受审现场

陈卫东　所以王玉雷这个案子实际上从一定意义上来说，是检察机关在批捕环节一种职能的延伸，很好地发挥了公诉引导侦查的作用。

检察机关行使侦查方面的职能，其实是一个非常重要的话题。

我们都知道，检察机关是代表国家进行追诉的。那么公安机关主要是查明案件事实，查获犯罪嫌疑人，来提交给检察院，所以从刑事诉讼的理论、诉讼职能上来说，侦查职能和检察机关的起诉职能，同属控诉职能。

那么在审查起诉中，对于事实不清、证据不足的，检察机关也有一个补充侦查的职责。

这就是在审查逮捕王玉雷案件中，检察机关提出了公安机关应该如何去进一步地补充收集证据，最后抓获真凶，这样的一个原因所在。

路一鸣　孙检，实际上在整个环节当中，各个阶段，检察机关都有它的职责。

那既然在分工上，公检法各有专业领域，而检察机关又贯穿全流程，我们在执行具体的监督职能的时候，您会不会担心我们的职能有点越界？

孙谦　检察机关履行这些职能都有法律的约束。从目前的情况看，主要是对重大案件，有的时候公安机关一旦发案会主动地邀请我们介入侦查，包括前一段昆山的龙哥案件，第一时间检察官赶到现场。

应当讲侦查和公诉方向是一致的，目的也是相同的，但是分工不一样。警察最关注的是找到这是谁干的，而检察官关注的是怎么证明是他干的？

我觉得只要我们监督得对，提出的问题准确，公安机关也好，人民法院也好，都会接受。那么在这个过程中有不同意见，我认为也是正常的。

检察机关毕竟不是侦查机关的领导，不是我们说什么他们就怎么样。

检察机关的监督我们也看出它的特点，它还是一个启动程序的机制。它不能绝对化，不能说检察官说什么，就所有的审判机关、侦查机关去干什么，这也不是我们制度设计的初衷。

办理昆山龙哥案检察官分析案情

路一鸣　谢谢孙检,说得非常实在。

我们不是侦查机关的领导,但我们要行使法律赋予我们的职责。

刚才大家都提到的这个昆山的龙哥案,我们现场请到了办理这起案件的检察官。

是公安机关主动邀请你提前介入的,还是你们发现了这个已经被新闻曝出来的社会事件之后,自己提出要提前介入的?

王勇　这个案件依托于《刑事诉讼法》的规定、最高检的文件及江苏省内的会签文件决定。我们江苏省内部公检法有会签的文件,就是公安机关发生重大案件的时候,第一时间会邀请我们检察机关提前介入。

王勇,江苏省苏州市人民检察院公诉二处处长

我们苏州所有的命案,只要人死亡了,公安机关都会在第一时间邀请检察机关提前介入。

本案案发当天晚上11点半,公安机关就邀请了我们昆山检察院的同志提前介入。

路一鸣 | 那为什么我们的省院会在第一时间也介入呢？

丁海涛 | 这是个工作机制的问题。实际上这个事情公安机关也很重视，实事求是地讲，我们在第二天实际上跟省公安厅就启动了磋商。

丁海涛，
江苏省
人民检察院
公诉一处处长

有些问题的认识，实事求是地讲有一个逐步清晰的过程。对事实证据的取证有个过程，对事实的认识越来越明晰，因为当天晚上大家看到的也只是录像，逐渐地补侦到位，那么我们所说的客观的真实越来越清晰了。

办案过程中,人民检察院的监督意见是否都能被采纳?检察官与被监督对象的沟通是否顺畅?

林　芝:绝大部分还是很顺畅的。

路一鸣:我不相信配合永远是顺畅的。

陈卫东:他愿意听他就听,他不愿意听,你拿他没有办法。

如果监督对象拒不接受监督意见,检察机关有何对策?现场,大检察官与专家展开深入探讨。

陈卫东:我如果说给你一个检察建议递过去以后,你随手把它扔在垃圾桶里。这不行。

孙　谦:在监督上也要刚柔并济,因为我们不是为了监督而监督。

刑事法律监督的未来发展面临哪些挑战?大检察官与专家有何愿景?

路一鸣 ｜ 我们还有一位来自北京的林检察官。

您在平时工作当中，跟您需要监督的对象在打交道的时候，觉得对方对你们这种监督行为都是什么态度？好合作吗？

林 芝 ｜ 这几年随着检察机关法律监督意识的增强，还有水平的提高，我们也是采取了很多的方法，让公安机关和检察机关，包括法院，我们整个的一个配合，是处在一个较为顺畅的阶段。所以我们的监督应该来说绝大部分还是很顺畅的。

林芝，
北京市朝阳区
人民检察院
检察官

路一鸣 ｜ 我特别想听那个绝大部分之外，那极少部分。我不相信配合永远是顺畅的，这不符合事实。

林 芝 ｜ 我自己在办理案件过程中确实也存在一些困惑。

比如我们在向其他机关发送了一些补充侦查的建议之后，可能回馈的意见，并没有达到我们预想的效果；或者是说，并没有完全将这些补充侦查的意见，落实到实践的办案过程中。所以可能存在一些抵触或者是不予接受的心理。

确保法律监督有力有效

路一鸣 基层检察官在实际的司法实践工作当中，会面临这样的困惑，我们的法学家怎么看待这样的问题？他们该怎么应对？在制度上和行动上采取什么样的行动才是最恰当的？

周光权 我觉得很重要的一点，就是说检察机关要行使监督权的话，首先自己对法律的理解和把握要很准确。

对法律的理解和把握准确了以后，你的监督每一步都是经得起推敲的。你提出的那些监督意见，别人都得认同和接受。在这个意义上，监督是有力度的。

所以行使监督权，不是说这几个机关要分出一个高下，不是说非得要争出一个你对我错，不是这样的。

而是说法律就在这个地方。法律的精神和本意是什么？大家都服从法律，以共同维护法律的权威和尊严。

那可能公众担心的就说监督会越过界限、会超过这个度，这样一些担心就可以消除。

陈卫东 ｜ 我觉得这实际上涉及对监督的理解问题。

检察机关是国家的法律监督机关，那么检察机关如何去监督？

实际上刚才我们朝阳的检察官说挺顺畅的，我了解的情况，不顺畅。全国大多数检察机关一直在困惑一个问题，我们的监督怎样才更加地有力？

这就涉及你把监督放在什么位置上去考量它。我认为监督有几个特点。

第一，监督具有中立性。就是监督的人不是当事人，他是当事人以外的第三方，就好比是裁判员。就是监督人不能既当运动员又当裁判员。

第二，监督具有建议的性质。就是说它不能去替代，活是人家干，你不能你监督，然后你去把他的活干了。你也不能去领导他，你只能是对他的工作提出问题。这就说你提出了问题就是一种建议。

问题就来了。建议他愿意听他就听，他不愿意听，你拿他没有办法。这就是谈论的问题，检察监督怎么具有刚性？实际上就是怎么更加具有效力？

第一点，我们人民检察院的监督，我认为应当有专门的机构、专门的办案队伍。

我们过去的监督很多都是在办案中来监督，那么检察官们往往忙于办案，疏于监督。所以我认为发挥监督的重要作用，要有专门的一支办案队伍。这是第一点。

第二点，我们要有专门的监督工作的规则。

目前人民检察院还没有关于如何实行法律监督的比较细密的程序规范，这需要制定。

第三点，我们的监督应当是赋予它特定的程序性的强制力。

我如果说给你一个检察建议递过去以后，你随手把它扔在垃圾桶里。这不行。

我们说任何一个被监督的部门，当接到检察机关监督以后，应当启动程序对检察机关的监督来审查。

这就像我们《刑事诉讼法》最近修改，就是说对法院减刑假释裁定，如果认为有错误，检察机关提出来了以后，它要重新启动合议庭评议程序。这就强制了你评议完了可以听也可以不听，但是评议的程序不能少。有了这样一个程序，它就会认真来审查。

最后一点，对于正确的法律监督意见，被监督单位和个人拒不履行，应当启动追责程序。

周光权　我再补充一点。关于检察监督的刚性的问题，现在的立法越来越注意这个问题。

刚才陈老师讲到了《刑事诉讼法》有相应的制度设计。全国人大常委会前不久通过的，2018年10月底，通过了修订后的《人民检察院组织法》第21条，对增强检察监督的刚性，有专门的制度设计。

检察机关行使法律监督权，有权调查核实，并且可以提出抗诉纠正错误和检察建议，可以提出这些。然后这个法条后面紧接着有关单位应当予以配合，并及时将纠正意见以及对检察建议的采纳情况，回复检察机关。所以这样的一个规定，实际上是想把检察监督的刚性增强，确实让检察机关能武装起来。

> **中华人民共和国人民检察院组织法**
> （2018年修订）
>
> 第二十一条　人民检察院行使本法第二十条规定的法律监督职权，可以进行调查核实，并依法提出抗诉、纠正意见、检察建议。有关单位应当予以配合，并及时将采纳纠正意见、检察建议的情况书面回复人民检察院。
>
> 抗诉、纠正意见、检察建议的适用范围及其程序，依照法律有关规定。

路一鸣　从我们基层的司法实践以及法学家的角度都已经给出解释了。站在一个大检察官的角度，您怎么看待这个问题？该怎么去应对呢？

孙　谦　刚才三位专家就法律监督，包括法律监督的刚性问题，发表了非常好的观点。他们说的我觉得都很有道理。

我们认为法律监督是严格受到法律规制和约束的，作为检察机关不是想怎么监督就怎么监督。法律监督必须在法律规定的违法情形出现之后。

它的监督也不是居高临下的监督，而是平行机构之间的一种提醒纠错机制。

再一个，法律监督要有节制、要准确。

结合刚才三位专家说的柔性刚性，我以为**法律监督既要有柔性，也要有刚性，这个决定于违法情形的严重程度**。我们能通过检察建议解决的问题，我们不要提出抗诉。所以刚柔并济。

因此各位专家，在法律监督上也要刚柔并济。柔的一面它会对轻微的违法，而且容易被监督者接受。刚的一面是有的，包括检察机关不批准逮捕决定，包括执法司法人员暴力取证、刑讯逼供；徇私舞弊、私放罪犯。根据《刑事诉讼法》的规定，检察机关依然有权力立案侦查、逮捕和提起公诉。就是根据违法情形的程度，采取不同的监督手段。

因为我们不是为了监督而监督，我们就是为了维护法律得到更好的实施。

◀ 2015年2月10日，最高人民检察院对陈满杀人放火案向最高人民法院提出抗诉。2016年2月1日，经最高人民法院指令再审，浙江省高级人民法院在海南省美兰监狱对该案公开宣判，认为原裁判认定的事实不清，证据不足，指控的犯罪不能成立，依法撤销原审裁判，宣告陈满无罪。

▶ 2014年12月8日，最高人民检察院检察委员会讨论决定，对"全国最大的老鼠仓"案——马乐利用未公开信息交易案提出抗诉。2015年12月11日，最高人民法院在广东省深圳市最高人民法院第一巡回法庭对马乐改判有期徒刑3年，并处罚金1913万元。

人民日报

法制日报

经济日报

光明日报  澎湃新闻

 新华社 中国妇女报

法制晚报

检察日报

中国新闻社

刑事法律监督倾听民意，尊重法律与事实

澎湃新闻 刚才我们学者跟专家还有您都谈到的昆山案，还有于欢案，诸如此类案件在发生以后往往会引起我们社会的关注，也成为社会的热点。然后我们媒体也会对它进行跟踪报道。

不知道您是如何看待我们媒体对于这些社会非常关注的问题的一种监督？另外一个方面就是我们面对汹涌的这种舆论的话，检察机关真的是能够保持中立吗？

孙谦 我们进入网络时代，信息传播以过去我们难以想象的速度在发展。对于近几年网络特别关注的一些案件，我们也是高度关注。刚才你说，汹涌的舆论对我们来说意味着什么？受不受到它的影响？

我想说受影响，也不受影响。

受影响就在于这类案件，包括我们最高人民检察院都会高度关注。我们要倾听社会的声音。包括于欢案件，包括龙哥案件，包括鸿茅药酒案件等，我们必须倾听人民群众到底在期盼什么，

我们要回应，我们要指导基层检察院依法、及时、妥善地作出处理，这是我们受影响的一方面。

不受影响，这些案件的最后处理，我们只能根据事实、证据和法律，依法作出处理。以于欢案件为例，当时七八亿的点击，社会上90%以上的人，都认为是正当防卫，都支持他的行为。但是你们也看到，最后检察机关在二审法庭上提供的所有事实证据，我们第一，充分认定了他防卫的正当性。第二，认定了他防卫的过当。

所以对舆论、对媒体我们会高度关注。我们认为这是民意和老百姓的声音。但是最后的处理，我们必须依照事实和法律来办，而不是完全地依照民意来办。

疑罪从无，避免冤假错案发生

孙检您好，我是《中国日报》的记者。作为媒体我们也关注到就是在社会的司法实践中，还有这样的一些案件，检察机关对犯罪嫌疑人和被告人进行定罪处罚，可证据却不充分。但是对于这些人如果进行无罪释放，又会给社会带来极大的风险隐患。

对这种定放两难的矛盾，检察机关应该如何处置？

孙 谦

你提出这个问题也是个非常尖锐的问题。

我们时常会遇到这样的案件。我们定他有罪,证据明显不足,没有达到确实、充分的要求;宣告他无罪,他的嫌疑又非常大,甚至有的自己都认罪了,他的口供都有。

这种两难案件产生的原因,还是侦查阶段没有取得法律规定的需要的证据,留下的遗憾。而到起诉阶段再去想补充、想弥补,已经没有机会了。

但是如果我们冒险,证据不足的时候去起诉他、追究他,很可能造成的就是冤假错案。不仅真正的罪犯没有得到惩罚,无辜的好人却进入监狱,这是需要避免的。

实际在这一条上,很多国家都采取了这样一种理念或者原则,就是"疑罪从无"。

路一鸣 这是司法理念的进步,我相信也是三位法学家一直在呼吁和想要追求的一种司法的状态。那对于未来我们检察机关在履行法律监督职能方面,各位法学家还有什么期待?

周光权 我作为一个大学教授,我最希望的是检察机关在未来要实实在在地提高这支队伍的办案水平,提高自己的解释能力、理解能力、论证能力以后,以理服人。这样的话才能全面履行检察监督职责,回应民众对司法公正的期待,才能提供最佳的司法服务的公共产品。

卞建林 总书记曾经说过,打铁必须自身硬。充分履行法律监督机关的职责,要像刚才孙检所说的,要在强化法律监督的同时,重视自身监督,或者说要高于对他人的监督,这样才有检察监督的公信力。

陈卫东　在新的形势下,我更加期待检察机关法律监督的功能能够发挥得更加有效。被监督的部门能够与检察机关一道,通过配合、通过制约,也通过监督,圆满地完成法律赋予我们的使命,实现我们监督的双赢、多赢和共赢。

路一鸣　我们把今天最难的一个问题,留给我们的孙检。您觉得在新时代新形势下,为了履行好检察机关的法律监督职能,我们还会面临哪些挑战?

孙　谦　应当讲我们离国家的重托、离人民的期待还有很大的距离,我们很多方面需要提高。

我们要实质地提升我们检察官的专业素养、忠诚和水平,包括强化我们的职业良知,强化我们的职业伦理。在适应新情况、面临新挑战的时候,我们有足够的准备。

我相信,我们在党中央的领导下,在正确理念的指引下,会对中国的法治、对社会的公平正义作出我们的贡献。

路一鸣 | 监督不是你错我对的零和博弈,也不是高人一等。监督机关和被监督机关,它们的责任是共同的,目标是一致的。赢则共赢,损则同损。

要完成新时代的法律监督任务,这需要监督机关和被监督机关共同努力,也需要我们的监督机关用好政治智慧、法律智慧和监督智慧,这样才能将双赢、多赢、共赢的监督理念落到实处。

大检察官说

牵住司改的"牛鼻子"

聂树斌案、呼格吉勒图案等一系列冤假错案,暴露出过去的司法体制存在哪些弊端与不足?

童建明:司法人员在办案中的权力不清,职责不明,以致造成司法人员责任心不强。

汤维建:办案的检察官只有办案权,没有定案权。

 司法责任制改革成为牵引司法体制改革的"牛鼻子",究竟有哪些大刀阔斧的革新?

陈卫东:打破过去行政化的办案方式,采用司法的方式,实行办案责任追究。

童建明:构建权责一致、权责明晰、监管有效的检察权运行新机制。

 落实司法责任制,究竟取得了哪些成效,未来的发展方向又将如何?

沙玛阿果

不知您是否还记得多年前发生的一些冤错案件,比如说聂树斌、呼格吉勒图、陈满,这些重大冤错案件的当事人或者不幸被错杀,或者身陷囹圄,让人民群众对于司法裁断的不公是深恶痛绝。

现在国家下大力气推行司法责任制改革,实现谁办案谁负责、谁决定谁负责,成为牵引司法体制改革的"牛鼻子"。

那么人民检察院的司法责任制改革改了些什么?取得了哪些成就?未来的发展方向又是怎么样的呢?今天我们的大检察官就将和我们谈一下"司法责任制改革"。

接下来为大家介绍一下我们场上的三位嘉宾,中国人民大学法学院教授汤维建、中国人民大学法学院教授陈卫东、清华大学法学院教授张建伟。还有现场的15家媒体单位和观众朋友们,欢迎大家。

接下来我们就请出今天的主角。

童建明
最高人民检察院副检察长
二级大检察官

" 我上大学的时候,正赶上国家走出动乱不久,开始重视法治的时期。我有幸选择学习了法律,并被分配到最高人民检察院工作。

检察工作说到底,就是维护公平正义的事业,这是一项充满挑战又极富意义的工作,法律人值得一生为之坚守。

司法责任制改革,是司法体制改革的'牛鼻子',这可以说也是牵一发动全身。检察机关的司法责任制改革始终把人民群众对于民主法治、公平正义、安全环境等更高水平的需求,作为改革的价值取向。通过改革的深入,当事人的诉讼权利能得到更有效的维护,我们社会公平正义的阳光终将洒满大地。"

最高人民检察院

童建明 | 大家好！很高兴和大家一起交流司法体制改革的"牛鼻子"，也就是检察机关推进司法责任制改革的情况。

人民检察院的职责

首先，请大家看一张照片。照片上这个帅气的小伙子叫呼格吉勒图，想必大家都非常熟悉。呼格吉勒图案是近几年社会广泛关注的一起重大冤错案件。1996年，18岁的报案人呼格被当作被告人被判处和执行死刑。2014年，时隔18年后，内蒙古自治区高级人民法院再审，改判呼格无罪。

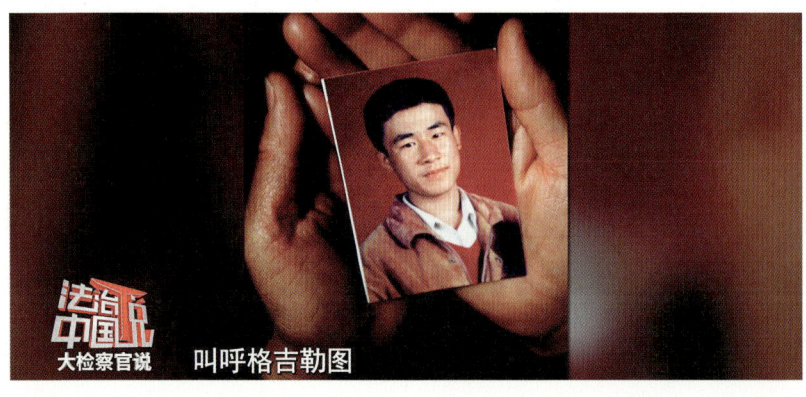

然而人死已经不能复生。像呼格吉勒图这样的重大冤错案件，这几年发现了多起。

这些冤错案件的发生，给当事人及其亲属造成了无可挽回的伤痛，给司法权威和司法公信力造成严重的伤害，也让我们司法机关和司法人员深感蒙羞。

造成冤错案件的深层次原因

痛定思痛，大家都在思考这样一个问题，这些冤错案件的发生，原因是什么？

从体制、机制上来讲，长期以来形成的行政审批式的办案模式，使司法人员在办案中的权力不清、职责不明，以致造成司法人员责任心不强，这是造成冤错案件一个深层次的原因。为了破解这个难题，**党中央决定深入推进以司法责任制改革为核心的司法体制改革**。那么什么叫司法责任制改革？

就检察机关来讲，就是要突出检察官的主体地位，赋予检察官相应的办案权限，同时明确相应的责任，按照谁办案谁负责、谁决定谁负责的原则，构建权责一致、权责明晰、监管有效的检察权运行新机制。

司法责任制改革在司法体制改革中居于基础性、关键性、全局性的地位。习近平总书记把它誉为是司法体制改革的"牛鼻子",具有牵一发而动全身的意义。

检察机关司法责任制改革的环节

那么检察机关是怎么推进司法责任制改革的呢?概括起来主要有三个环节。

第一个环节是选人与定员。

就是对检察人员实行分类管理,把检察人员分为检察官、检察辅助人员和司法行政人员,对不同的人员实行不同序列的管理制度和职业保障制度。

为了突出检察官的主体地位,司法责任制改革首先确定对检察官实行员额制,规定按照不超过政法专项编制39%的比例来遴选检察官。以各省为单位进行遴选。经过严格的遴选程序,全国检察机关从17万多名具备检察官资格条件的人员中遴选了7万多名员额检察官,其他没有入额的检察官被转为检察辅助人员和司法行政人员。

▲ 2017年7月,最高检机关入额遴选工作圆满"收官",首批228名员额检察官正式履职。图为时任最高人民检察院党组书记、检察长曹建明率领最高检机关首批员额检察官进行庄严宣誓。

入额遴选的检察官全部被安排到办案岗位，安排到必须由检察官履行职责的岗位。

第二个环节是确权与明责。

就是通过制定权力清单，明确检察官、检察长、检察委员会的权限。

除法律规定，必须由检察长、检察委员会行使的权力以外，大部分司法权限都授予检察官行使。

同时明确各类检察人员他们的职责权限和应承担的司法责任。

第三个环节是监督与管理。

就是为了保证检察官的办案质量，在授予检察官必要权限的同时，加强对检察官权力运行的监督制约。

做到放权不放任，用权受监督。

通过改革，破除了过去行政审批式的监督管理模式，构建了一系列新的监督制约机制。

包括改革检察长对检察官办案工作的管理和监督，对重大案件、疑难案件以及可能有问题的案件，进行必要的监督、指导。也包括大力推行检务公开，实行法律文书上网，做到以公开促公正。

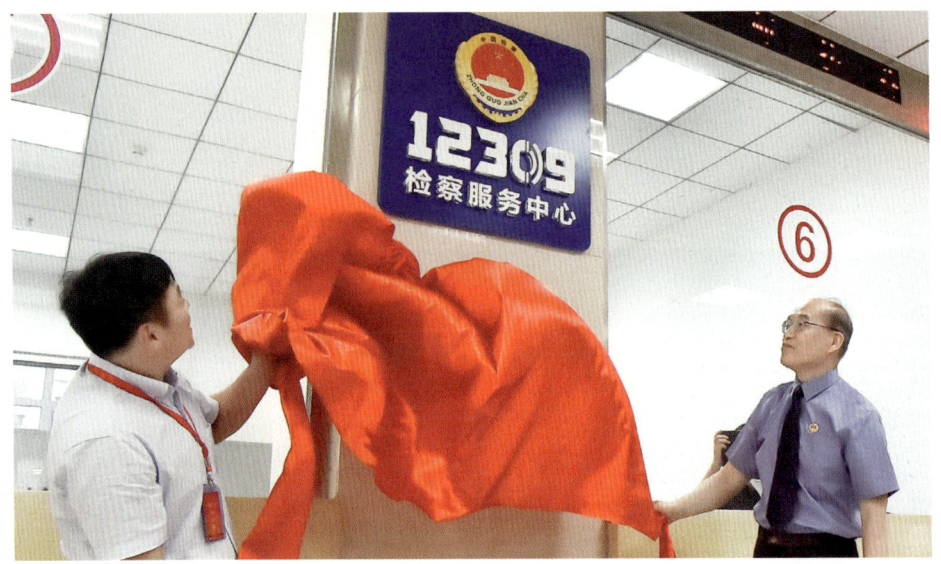

▲ 2018年6月28日，最高人民检察院党组书记、检察长张军与全国人大代表为最高人民检察院12309检察服务中心实体大厅揭牌，检察机关唯一对外的线上线下全方位、全覆盖、立体式的检察服务综合平台正式启用。

检察机关司法责任制改革成效显著

经过这些举措，司法责任制改革已经初步取得了比较明显的成效，这些成效也是多方面的。

第一个效果，司法资源配置更加合理。

通过改革，85%的司法资源配置到了办案一线，办案力量比过去增加了20%以上。

特别值得一提的是，检察长、副检察长等领导干部带头办案的示范作用正在显现。

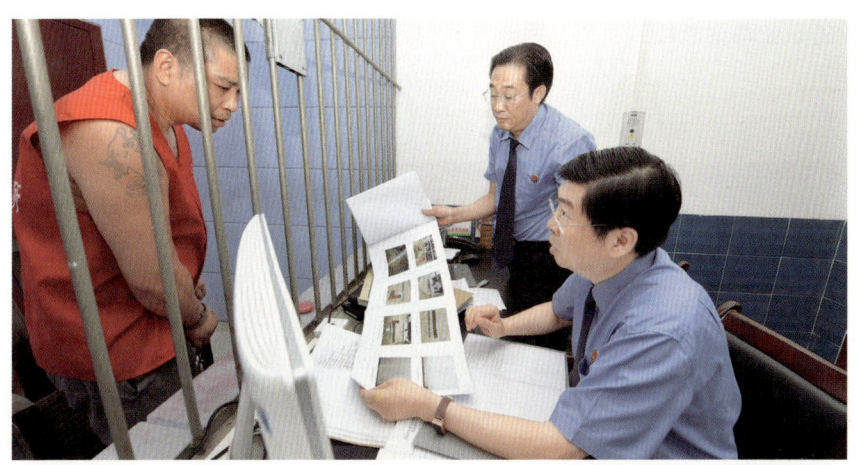

▲ 为贯彻落实司法责任制要求，入额的检察院领导回归办案一线，充分发挥示范引领作用。图为湖北省人民检察院检察长王晋办理一起故意杀人上诉案时，依法提讯原审被告人。

领导干部带头办案有很多的好处，不仅有利于保证办案质量，而且领导干部亲自办案，可以通过办案获得很多真切的感受和体会，可以了解办案过程中存在的问题、问题的症结在哪里，从而有利于领导干部加强对办案工作的管理和指导。

第二个效果，办案质量和效率稳步提升。

随着刚才我讲到的一系列监督制约机制的跟进，现在办案的质量总体是稳中有升，衡量办案质量的一些指标数据呈现积极的变化。

比如说检察机关不批捕、不起诉的比例有所上升。

这说明检察官审查把关更严了，贯彻少捕、慎诉的方针更加积极了。

第一批推开司法责任制改革的上海市检察机关，刑事案件一审审查起诉的时间平均缩短了两天多。吉林省检察机关民事行政监督案件的结案率提高了28%。

第三个效果，检察官负责任办案的内在动力明显增强。

司法责任制改革突出了检察官在司法办案中的主体地位。这一方面增强了检察官的职业尊荣感和成就感，另一方面也为他们注入了自我加压、自我提高的内生动力。

司法责任制改革以后，检察官们普遍感到现在肩上的责任和压力比过去要大得多了。

过去办案主要是外力驱使，现在则是变成自觉行动了。

习近平总书记对政法队伍提出了五个过硬的要求，其中一个过硬就是责任过硬。如果司法人员都能把责任扛在肩上、落在实处，我想公正、高效司法就可以奠定良好的基础。

在这里我想给大家介绍一个，我在河北省检察院工作期间亲身经历的一起案件。这个案件和我刚才讲到的呼格吉勒图的案件办案过程有很多相似之处，都是把报案人当成了嫌疑人，但是这两个案件的处理结果截然不同。

案件发生在2014年，也就是呼格案改判无罪的那一年，河北省保定市顺平县某村一个村民被人用钝器打伤致死。公安机关经过排查，把王玉雷作为犯罪嫌疑人，提请检察机关批准逮捕。

我们的检察官通过认真地审查，发现了很多的疑点，果断作出了不批准逮捕的决定。同时列出了详细的补充侦查提纲，引导公安机关侦查取证，把真凶同村村民王斌抓获归案。

这个案件的成功办理说明，

只要我们的司法官秉持高度的责任心，在目前我国公、检、法、司四机关分工负责、互相配合、互相制约的体制下，真正发挥制约的功能和作用，是可以避免冤错案件发生的。

检察机关司法责任制改革中仍存在问题

总的来看，中国特色司法体制的四梁八柱已经构建起来。司法责任制改革经过涉险滩、闯难关，做成了过去想了很多年，讲了很多年，但没有做成的事，司法公信力有明显提升。

但是我们也要看到，司法责任制的改革，实际上是司法领域的一场深刻的自我革命，改的是体制机制，动的是利益格局，所以伤筋动骨在所难免。

在改革进程中也还存在一些这样那样的问题。比如说一些改革的举措还没有完全落地落实；在一些地方检察权运行机制还存在穿新鞋走老路的问题；一些检察官不敢大胆决断，仍然存在依赖行政审批的思想；还有一些经过实践证明，不适宜在检察官工作岗位的员额检察官如何退出的机制还不顺畅；等等。

所以，司法责任制改革仍然在路上。

下一步我们将认真贯彻党的十九大的部署和要求，集中精力做好司法体制改革的精装修，深入推进司法责任制综合配套改革，大力推进检察官的职业化、专业化建设。促进检察官不断更新理念、提升素质、强化责任，真正按照司法责任制的要求，潜心研究办案，严格秉公办案，以尽好责、办好案的实际成效，提升检察工作的品质，真正实现习近平总书记提出的让人民群众在每一个司法案件中感受到公平正义的目标。

呼格吉勒图案与王玉雷案案情相近,结局却截然相反,显现出司法责任制改革的哪些成效?

彭少勇:要有强烈的责任心和责任感。

陈卫东:打破过去行政化的办案方式,采用司法的方式。

童建明:真正发挥制约的功能和作用,是可以避免冤错案件发生的。

 从原来的审批制到如今的责任制,这样的变革原因何在?目的何在?

张建伟:我们要避免一种司法人员的"空心人"现象。

童建明:就是让谁办案谁负责。

 办案终身责任制,使得检察官办案压力倍增,人民检察院又有哪些配套措施保障检察官安心办案?

汤维建
中国人民大学法学院教授

陈卫东
中国人民大学法学院教授

张建伟
清华大学法学院教授

沙玛阿果 ▎刚才在您的演讲当中提到，习总书记把落实司法责任制改革形象地比喻为牵住"牛鼻子"。

首先我们就想问一下，为什么司法责任制改革就是"牛鼻子"呢？

童建明 ▎习近平总书记把司法责任制改革比喻为"牛鼻子"，我觉得这个比喻深刻揭示了司法责任制改革在整个司法体制改革中的地位和意义。

因为，司法通俗地讲就是办案。要落实司法责任制，就是为了负责任地把案件办好。

所以说司法责任制在整个司法体制改革中，它具有基础性、关键性、全局性的地位，也可以说是一个核心，具有牵一发而动全身的这么一种举足轻重的作用。

审批制的弊端：权责不明

沙玛阿果 刚才在你的讲演当中提到了被人们广泛关注的冤案呼格吉勒图案。我们知道呼格吉勒图在沉冤18年以后被平反，而这个案子牵涉到的公、检、法三机关有27名办案人员被追责。

所以接下来这个问题我想问一下三位嘉宾，就这样的一个处理结果，能够看出我们国家旧的司法体制存在什么样的弊端和问题呢？

汤维建 我们的旧的做法或者旧的制度具有一个非常鲜明的特点，叫作审批制，刚才童检在演讲当中也再三地提到了这个概念。

所谓审批制或者叫三级审批制，它就是说办案的检察官，首先拿出一个处理的决定或者处理的意见，然后要报部门的负责人去审批，部门的负责人审批完了之后，他要报分管副检察长或者检察长去审批。这就带来了一系列的问题。

第一个问题就是，办案的检察官他只有办案权，没有定案权。

因而他办案的积极性和责任心都不够，办案也比较马虎，可以说在办案的质量上面，往往容易出错。

另外一个方面，就是检察长或者副检察长他们对案件的审批，也往往是通过阅读一大堆的卷宗材料来进行的。而这个书面材料往往不能够全面地反映案件的全部问题或者全部信息，有一些信息是无法被最后行使审批权的检察长或者副检察长掌握的。他们没有亲自办案，但是他们有定案权。所以，这种最后拍板拍出来的案件，往往是容易出差错的。

所以，我们通过司法责任制的改革，就是要把责和权紧紧地扣在一起。你有这个权办案，那么办错了案就要追你的责，这就是司法责任制的最核心的要义。

陈卫东 | 刚才维建教授也几次谈到审批制，审批制是什么？是行政办事的方式。那么审批制，决定的人没有去办案，办案的人最终说了不算。就像我们讲医生不把脉、不听诊，就去给开药方。

呼格案为什么有这么多人被追责，那么这里面所有的人都要承担责任，这是一种大锅饭。

检察机关司法责任制改革的举措及思路

沙玛阿果　那么咱们新的改革的举措是什么？思路是什么呢？

陈卫东　中央推进司法责任制改革实际上它是一个系统的工程。这里面第一点就是要建立科学的检察人员分流管理机制，打破过去那种谁都是检察官，谁都可以去办案。

实行这种员额制的改革办法，以现有检察人员编制不超过39%这样的比例来进行员额制检察官的遴选。

第二点就是建立科学的检察权运行机制。这个运行机制就是我们刚才讲的，打破过去行政化的办案方式，采用司法的方式，就是明确权力边界，实行办案责任追究。

第三点就是要建立合理的监督制约机制。司法责任制改革带来的最大的隐患是什么，就是放权给具体办案的法官、检察官以后没有层层审批，也就等于没有了层层的把关和制约。那你怎么保证他不滥权？怎么保证这个案件没有腐败？所以接着就要跟进，对这种权力进行监督制约。

汤维建　我觉得用一句话来概括，就是通过司法改革使检察机关更加像检察机关，而不是像行政机关。应该是让检察机关实现向司法机关性质靠拢。

所以我们这一次的司法改革就是去行政化，使得检察机关真正地回归到司法机关的轨道上来。这是我们这一轮司法改革一个主要的思路。

童建明 | 刚才几位专家讲得很好，对于现在司法责任制改革需要抓住的关键点也抓得很准。

第一是要遵循司法规律，就是要按照司法办案亲历性的原则来落实责任。

第二是要对办案的司法官授权，就是让谁办案，谁负责。

第三是谁决定，谁负责，就是对你作出的司法决定要承担责任。

检察机关通过办案避免了一起冤错案件的发生

沙玛阿果 就在呼格吉勒图被平反的同一年，在河北的顺平县又发生了一个王玉雷案。刚才童检在讲演当中也提到了这个案件，这个案件险些成为呼格案的翻版。

那么今天在现场就来了一位当时这个案件的亲历者，接下来就请你谈谈在这起案件当中，检察机关究竟起了什么样的作用？

彭少勇 在2014年2月18日的晚上，顺平县北朝阳村王玉雷在回家的路上，发现路上躺着一个人，有血迹，怀疑已经死亡，随即拨打110报案。

彭少勇，
河北省保定市
人民检察院
党组副书记、
副检察长

公安机关侦查之后，认为报案人王玉雷有重大嫌疑，并立案拘留，提请检察机关报捕。我们的办案人员讯问了王玉雷，王玉雷仍然供述自己杀人。

（沙玛阿果：他自己承认了？）

自己承认，同时也发现右臂用石膏固定。顺平县检察院就认为这个案件重大、复杂、疑难，就报到了保定市人民检察院。我们认为王玉雷有罪供述不足信。

最后我们还是顶住了各种压力，以强烈的责任心排除了非法证据，指导顺平县检察院依法作出了不捕的决定。同时又列出了九条补充侦查建议，引导公安机关最后抓获真凶王斌。

通过这个案件，我的体会是，一是检察机关作为国家的法律监督机关，认真履行好宪法和法律赋予的监督的职责。二是检察官作为具体的办案人员，不仅要查微析疑，敢于担当，还要有强烈的责任心和责任感。

办案既是检察官的一种权力，也是检察官的一个责任。

终身责任制：终身追责

沙玛阿果

大概听明白了，就是这起冤假错案之所以能够避免，主要是得益于我们办案人员的责任心。

但是我们想，其实我们不能把一个案件是否办得公正寄托于某一个办案人员他的责任心。如果你要是遇到责任心不强的，他可能又会导致冤案的出现。

所以我们也知道，新的司法责任制改革，它有一个很重要的点，就是把这种责任制度化了，而且叫终身责任制。我们想听听三位嘉宾对终身责任制的看法。

张建伟

呼格吉勒图案件和王玉雷案件具有很强的可比性，其实是类似的案情，不同的结局。所以这个案件让我们看到的是什么因素造成不同的结果。

如果我们办案人员责任心不强，仅从案卷本身的材料，根据证据的情况，表面上存在着相互印证，犯罪嫌疑人又承认，那么好了，我们就顺水推舟，我们就作出批捕的决定。那么看起来也是很简单的。

"空心人"现象

可是我们要有一种责任心，我们要避免一种司法人员的"空心人"现象，就是没有带着心来，那么我们看到这种人的因素发挥着非常重要的作用。所以在我们当下的司法活动当中，在人的主观方面，我们也要建立一些制度来加以规范，来提升这种责任心。

沙玛阿果 | 但是我注意到这个责任前面还有一个终身。
我想听一听陈教授，您对负终身责任这个怎么看？

陈卫东 | 这样的一种责任不是一时一地的，也不是说你办完案子了，调离了，或者说别的原因就不追责了。我们就是什么时间发现，什么时间追究，终身追责。

终身追责

就是你这个责任不会随着时间的推移，随着客观条件的变化，随着你自身情况的改变而改变。

错案追责与司法豁免

沙玛阿果 但是会不会带来另外一个问题,有了这样一个终身追责以后,他们会不会就担心出问题反而束手束脚,最后影响了办案呢?

童建明 追责也不是说所有发生错案都要追,这里头也是有个原则的,就是我们强调要有主观和客观相结合的原则。

所以追责有三种情形:第一种是故意违反法律法规造成错案的;第二种是重大过失,造成严重后果;第三种是监督管理责任,就是说检察官要对自己的办案负责,还有一个检察长等领导干部要对检察院办的案件有一个监督管理的责任,那么检察长等领导干部如果是你应该负的监督管理责任没有尽到,出现了案件重大的失误,或者是出现严重的错案,这也是要追责的,这是追责的三种情形。

所以，一般性的对于法律理解的失误，因为对法律理解的问题出现错案，或者是一些小的办案中的瑕疵，包括现在很多法律文书的瑕疵，引用条文、引用符号这些瑕疵，都属于瑕疵的问题，它不属于要追责的问题。

张建伟

讲到司法责任制一定要记住一点，就是"除草莫伤苗"。

我们司法责任制这样的一个话题，这样一个议题是怎么引出来的呢？是从冤错案件引出来的。

人们在思考冤错案件它是怎么生成的，怎么去遏制它，于是就想到了司法责任制，要强化司法责任心。

那么在进行这样的一个制度设计的时候，我们不能忽视一点，这个制度它需要有一个配套的制度，那就是司法豁免权制度。

如果没有司法豁免权制度，那么一个案件搞错了，不分青红皂白地穷追不休，让我们的司法人员瞻前顾后、动辄得咎，最后造成的结果就是士气低迷、军心动摇。

所以在这个问题上我们必须要注意，**司法责任制如果不配套司法豁免权制度的话，它可能会产生一种负面的效应。**这种负面效应在司法责任制推行的初期已经显现出来。

所以我们最高司法机关已经认识到这一点，及时地提出追究责任要分具体情况，不能够不分青红皂白地一概追责。

陈卫东

我觉得对司法责任制不能做简单甚至片面的理解。

因为司法官办案，包括我们检察官，他都是对于已经发生在过去事实的这样的一种再现，不可能那么客观、那么全面。所以对事实的认定出现这种误判是正常的，就是说出现错案这绝对不是说不可思议的。**有司法一定会有错案。全世界各个国家都有，美国的错案率更高，比我们中国还高。**

我们不能说有了错案就要去对法官、检察官打板子，否则的话，这个职业一定会成为整个社会中最高危的职业，没有人去干。所以这就是刚才像建伟教授谈到的司法责任制要跟司法豁免制度结合起来。

沙玛阿果

也就是说其实司法责任制一方面突出了责任的重要性，其实同时它也要考虑一个平衡，有责任就有权力，有权力就有责任，好，谢谢！

司法责任制改革,给一线办案检察官的思想观念和工作方式带来了怎样的变化?

童建明:入额遴选的检察官全部被安排到办案岗位,被安排到必须由检察官履行职责的岗位。

陈莹莹:办案的要求更高了,责任跟压力确实是更大了。

韩鲁红:给我们检察长带来的直接的变化就是回归办案一线。

 检察长直接办案、检察官联席会议等一系列新举措,能否实现司法效率与质量的双提升?

韩鲁红:有利于促进提高法律监督的水平和效率。

张建伟:检察长、副检察长办案的话能起到一个表率的、示范的作用。

童建明:这样有利于我们更好地把这些专业的案件办准、办精。

改革给基层员额检察官工作带来的变化

沙玛阿果   我们知道司法责任制的改革它是需要一个时间的,更多的基层的办案人员,他肯定也是需要一个时间去逐渐地适应的。

所以今天也来了一些基层的检察官,我们想听听他们在这个司法改革当中,他们在办案过程当中,他们的一些经历,他们的一些体验和感受。

陈莹莹   作为基层检察院的一个员额检察官,应当说我们对于司法责任制这次的改革是最有体会的。

陈莹莹,
江苏省如皋市
人民检察院
员额检察官

在我看来,这次责任制改革最大的一个变化就在于检察官的权力大了。

过去一个刑事案件,它的起诉要经过一道一道的审批程序。而现在,在我们基层检察院,大部分的刑事案件的起诉,都是由员额检察官自己决定的,已经没有一道道的审批程序了。

随着这样的变化，我个人也感觉对于我们员额检察官来讲，**办案的要求更高了，责任跟压力确实是更大了。**

当然从另外一个层面，对我们来讲也是一种促进。

我觉得改革以后，因为取消了后面的审批程序，那就倒逼着我们要更加认真、更加仔细地去学习、去研究，不但是要知道规定是什么，还要知道规定它出台的背景原因是什么。

▲ 2018年11月5日，最高人民检察院召开"全国检察机关学习贯彻修改后人民检察院组织法和刑事诉讼法电视电话会议"，全面学习领会"两法"修改的指导思想、基本原则和主要内容。

所以说，我个人感觉改革以后对我们的压力是大了，但是**带着这种责任心，我们再去审查案件，我们可能学到的更多。**因为这就是一个过程，我们经过前期的阵痛，我们个人的能力必将会得到很大的提升。

改革让检察机关领导干部回归办案一线

韩鲁红

司法责任制给我们检察长带来的直接的变化就是回归办案一线。作为员额检察官直接办案,作为检察长领导司法办案,这种变化给我们的执法理念,给我们的工作机制都带来了很大的影响。

韩鲁红,天津市南开区人民检察院党组书记、检察长

在司法体制改革之前,我们只有30%的干警承担着全院90%的办案任务。那么现在我们92%的员额检察官都在办案一线,包括我在内的7位入额的院领导。

我感觉检察长直接办案能够更好地履行管理职能,有利于制度的完善。那么用这种制度的方式,既保障了检察官在办案中的主体地位,又规范了检察官的执法行为,保证了案件质量。

再有就是我感觉检察长直接办案有利于促进提高法律监督的水平和效率。法律监督的水平更高,那么监督也更有效,这无疑也引导我们广大干警不断地强化敢于监督的意识,提高善于监督的能力。这是我的一点体会。

沙玛阿果

检察长、副检察长他们不仅要行使管理责任,还得办案。所以接下来想问一下三位嘉宾,就是怎么看待这样一个改革当中的职能和角色的这样一个变化?

汤维建 | 检察长、副检察长办案,这是实行员额制的要求。因为你要进入到员额范围,成为员额检察官,那么你就要到第一线去办案,而不能占了员额不办案,这是员额制的一个必然的要求。所以检察长、副检察长作为员额检察官必须办案,这是天经地义的一个要求。

我概括起来说有这么几个好处,第一个检察长、副检察长,或者说甚至于包括一些中层领导,他们都是办案能手,甚至于是办案的多面手,是司法机关、检察机关的优质资源。他们应该在办案的舞台上面继续放光放彩,继续发挥作用,而不是说当了官之后就不干了,不能够仕而不办案。

你如果说停止了办案,那么你原来的优势就会逐渐地丧失,甚至于在业务面前,在办案面前,你连普通的检察官都不如。

张建伟　检察长办案，副检察长办案，有利于他们接地气，和普通的检察官们打成一片，了解检察机关的实际情况，从而更好地引领检察改革，引领检察事业的发展，更好地进行检察机关的各种工作。

另外检察长、副检察长办案的话能起到一个表率、示范的作用，而且这种办案还起一个非常重要的作用，它塑造办案的一种荣耀感。

童建明　所以最高人民检察院在推进司法责任制改革过程之中，还特别强调领导干部，特别是检察长、副检察长要带头办理这些重大的、疑难的、复杂的，特别是那些有影响性的案件。这样给大家起一个示范带头作用。

你也通过办理这些案件来进一步了解这些案件的特点和规律，办案过程之中应该把握什么样的政策导向，这样对于提高你的管理能力管理水平，加强对办案的指导和监督都是有好处的。

▲ 2018年12月13日，北京市人民检察院检察长、二级大检察官敬大力出席一起故意杀人案的二审法庭，依法履行检察职责。北京市高级人民法院代院长、二级大法官寇昉担任审判长。这是北京市司法机关首次由大检察官和大法官同时出庭履行检察、审判职责。

人民日报

中国日报 CHINADAILY.COM.CN

法制日报

经济日报

光明日报

澎湃新闻 THE PAPER

新华社

中国妇女报

法制晚报

检察日报

中国新闻社

办案中检察官与检察长的意见不一致怎么办

中国新闻社 我们注意到这次司法责任制改革之后,赋予了检察官独立办案的权力。与此同时,检察长负责统一领导检察院的工作。

那么请问童检,当检察官办案的时候,与检察长的意见不一致,这应该怎么办?是谁说了算?

中国新闻社的记者提问

童建明 这是一个非常好的问题,也是实践中经常会碰到的问题。

那么检察院的体制有这么一个特点,最高人民检察院领导地方各级人民检察院的工作,上级人民检察院领导下级人民检察院的工作。那么从内部来讲,检察长是领导整个检察院的工作。检察官在有些重大案件自己拿不准时,他可以报给检察长。检察长审查以后认为他的意见和检察官的意见也不一致,这个时候怎么办?

按照我们现在的责任制的规定,检察长可以要求检察官进行复核。如果复核还有不同意见,检察长可以决定提请检察委员会来讨论,就是由检察委员会来决定,检察长也可以自己决定。当然检察长决定,如果否了检察官的意见,那么检察长对他的决定要负责,对改变的决定由检察长负责。

这种体制就是为了保证检察长对检察院的领导权的实现,实际上也是为了保证我们法律的统一正确实施。

检察机关如何解决检察官个人能力的局限性

检察日报 检察官办案独立后,检察官的办案主体地位愈加凸显,随着对检察官放权范围的扩大,检察官单兵作战、独立决定的情形增多了。

那么在这种情况下,我想问的是,检察院如何来解决检察官个人在知识结构、司法经验等方面存在的局限性?

童建明 确实,案件形形色色、千姿百态,实践中什么样的案件都有。现在经常接触到很多各个领域的专门知识。那么遇到这种情况怎么办?

现在我们采取了一些措施。第一个,**我们建立了一个检察官联席会议制度**。就是说检察官办案时遇到有疑难的问题,自己拿不定主意的时候,他可以申请召集检察官联席会议。就是由他这个部门的检察官,甚至也可以跨部门,由其他部门检察官一起来参与讨论。大家一起讨论看看这个案子应该得出一个什么结论。这个结论、这个意见是供办案的检察官参考。

第二个，我们正在推进建立一个专家委员会制度。就是说遇到一些重大、疑难、复杂的案件，我们邀请院外的法学专家、资深的法官、资深律师，其他方面的一些专家组成一个专家委员会，来对我们一些疑难、复杂的案件进行会审。

▲ 为充分发挥社会力量尤其是法学专家、资深法官、资深律师等的作用，借助他们的实践经验、法律和政治智慧，帮助提升检察机关法律监督能力，最高人民检察院建立民事行政诉讼监督案件专家委员会制度。图为2018年7月29日最高人民检察院向部分专家颁发聘书。

另外还有一个机制,**考虑推进实行聘请特邀检察官助理的制度**。为什么要搞这个制度?因为现在我们案件涉及的范围越来越多,领域越来越多,金融证券领域,食品、药品领域等各个领域的案件都可能碰到。所以考虑从有关的行业和部门聘请这些有专门知识的人来参与我们的办案,和我们检察官一起办理案件,弥补我们在这方面的知识的缺失,这样形成一个互补,有利于我们更好地把这些专业的案件办准、办精。

对司法责任制改革的期许

汤维建｜我觉得**司法责任制要真正落地**,不能把它流于一种形式,要让它产生应有的威力。

第二个期待同时要**跟上司法保障制**。要把检察官,当然也包括法官等的这些待遇要跟上去,要给他们各方面的保障,包括人身安全的保障也要保障到位,使他们能够安心办案。

陈卫东｜我们司法责任制的改革远远还没有结束,改革还在路上。所以我觉得我们**当下最要紧的是如何更好地推进司法责任制的配套措施的改革**。因为配套措施改革是党的十九大明确提出来的任务,根本的目的就是保证司法责任制,着着实实地把它落实到位。

张建伟｜真正的改革一定是有痛感的。那么司法责任制改革,我觉得它是有痛感,它不能够成为我们司法错案的一个创可贴,应该发挥刮骨疗毒的作用。

在司法责任制的推动当中，权责结合将权力下放，可能会产生一段时间的乱象，有些个别案件的质量可能会有下滑的情况。但是我们看到改革的方向是对的，我们就应该努力地向那个方向继续去推动。即使是一时出现一些波折，我们应该坚持把改革进行到底。

日正高悬路正长，我觉得在这方面我们乐观司法责任的改革，最终获得它应有的成效。

沙玛阿果 对，张教授说得特别好，既然是改革肯定会有阵痛，其实改革的路还很漫长，在这个过程当中还有很多需要完善，需要不断地推进。

所以最后我们再请童检给我们用简短的话来表达一下，您对我们法治中国的建设有什么样的期待？

童建明 通过今天的讨论，我们也可以得出这么一个结论，就是司法责任制改革可以说已经破题，已经步入了深水区，但是还需要进一步地深化综合配套改革，需要一往无前，一鼓作气，继续往纵深推进。

我期待也坚信随着全面依法治国的深入推进，科学立法、严格执法、公正司法、全民守法，必定会像四根擎天柱，能够撑起我们共和国的法治大厦。

沙玛阿果 | 谢谢童检的精彩演讲，也谢谢三位嘉宾的建言献策，谢谢媒体的朋友的提问和现场观众的守候。

民有所呼，我有所应。人民群众对公平正义的感受最直接、最强烈。司法体制改革剑指司法不公、司法腐败的顽瘴痼疾，交出了一份沉甸甸的优异答卷。从夯基垒台到立柱架梁，再到内部精装，这场动真碰硬的司法体制改革必将不断向纵深拓展。

守护成长

未成年人是祖国的未来与希望,为了守护他们的成长,人民检察院设置了哪些特殊的程序和机制?

陈国庆:要实行教育为主、惩罚为辅的政策。

席小华:应该倡导的是教育、感化和挽救。

 为什么要把未成年人案件与一般案件区别对待?这种差异的根源究竟在哪里?

姚建龙:孩子与成年人之间不仅仅是量的差别,而且有质的差异。

陈国庆:他们的认知能力、感知能力、控制能力,还有自我保护能力都相对薄弱。

宋英辉:简单地适用刑法处罚只会增加重新犯罪率。

 办案经验分享,争议问题讨论,看未检工作如何把儿童利益最大化的司法理念落到实处。

阿 果

未成年人是祖国的未来、民族的希望,他们的人生有着无限的可能性。

在这个特殊的成长发育阶段,他们非常容易遭受各种危险和伤害,甚至稍有不慎就会误入歧途。因此,关爱未成年人成长,加强对未成年人的司法保护是摆在我们面前的一件刻不容缓的大事。

我们该怎么保护未成年人的合法权益,其中检察机关能发挥什么样的作用呢?今天我们的大检察官将和我们说一说未成年人检察工作。

接下来为大家介绍一下我们的四位嘉宾:北京师范大学刑事法律科学研究院教授宋英辉、上海政法学院教授姚建龙、首都师范大学教授席小华、联合国儿童基金会儿童保护项目官员苏文颖。另外还有现场的15家媒体以及来自基层的检察官和观众朋友,欢迎你们。

接下来就请出我们的主角。

陈国庆
最高人民检察院副检察长
二级大检察官

> 每次听到未成年人涉嫌违法犯罪,我们都很痛心。每次听到未成年人受到犯罪的侵害,都特别揪心。未成年人的利益是至高无上的,因为未成年人是祖国的未来,是民族的希望。
>
> 三十多年来,我们未成年人检察工作,从无到有,逐步发展,有一句话就是,儿童利益最大化。
>
> 通过我们的司法工作,最大限度地保护未成年人,最大限度地减少和预防未成年人犯罪,保障他们健康成长,我觉得这是我们最大的使命。

最高人民检察院

陈国庆

大家好。青少年是祖国的未来，是民族的希望，他们的健康成长直接关系到亿万家庭的幸福，关系到社会的和谐稳定，也关系到我们事业的兴旺发达。

许多事情、许多案件，一涉及未成年人，就会牵动亿万民众的心。近年来，有些幼儿园的虐童案件、校园的欺凌案件，还有伤害无辜学生的案件，一经披露，都会立刻引起大家的关注。因此，加强未成年人的司法保护至关重要。

未成年人保护面临新挑战

在社会各界的努力下，未成年人的司法保护取得了明显的成效。最近，我们统计发现，未成年人犯罪比5年前降低了30%。但是随着社会经济的发展，随着社会矛盾的变化，未成年人的保护也出现了一些新的情况、新的问题。

一是侵害未成年人的犯罪，目前呈上升的趋势。

2017年，检察机关共起诉侵害未成年人的犯罪嫌疑人63000多人，这些犯罪行为，都严重地侵害了未成年人的合法权益，是我们目前打击的重点。

二是未成年人犯罪虽然有所回落,但是仍有相当的数量。

未成年人犯罪现在有低龄化、低文化水平趋势,特别是流动人口、流浪儿童的犯罪率比较高,而且呈现出组织化、成人化和暴力化的倾向。

针对目前这些情况,

如何加大对未成年人的司法保护,如何预防和减少未成年人犯罪,是摆在我们司法机关面前的一项重要的课题。

保护未成年人应有特殊的理念

针对目前未成年人保护出现的一些新情况和新问题,我们必须从未成年人的特点出发,认真地研究相关的对策。

未成年人身心尚未成熟,他们的认知能力、感知能力、控制能力,还有自我保护能力都相对薄弱。正是基于未成年人的这种特点,对于这一特殊的对象,**我们要采取特殊的理念、特殊的制度和程序来办理未成年人案件。**

所谓特殊的理念，就是要坚持儿童利益最大化的原则。

很多国家的儿童法案中都规定，司法机关在处理涉及未成年人的案件时，处理涉及未成年人的事宜时，儿童的利益是至高无上的，未成年人的利益是至高无上的。这一点是我们的一个根本准则。

所以，我们在办理未成年人案件的时候，要把保护未成年人的合法权益、促进未成年人的健康成长作为我们首要的价值目标。

根据保护未成年人的特殊理念，我国刑事诉讼法和有关的法律创设了一整套的未成年人保护的制度。检察机关也探索形成了保护未成年人的一整套规范体系，包括社会调查、严格限制适用逮捕措施、附条件不起诉、不公开审理以及犯罪记录封存制度。检察机关在长期的工作中，探索出了一套完整的保护未成年人的程序和机制。

在这一特殊理念、特殊制度和特殊程序规范下，我们现在主要做了以下三个方面的工作：

严厉打击侵害未成年人犯罪活动

第一个方面是要严厉地打击侵害未成年人的犯罪活动,全力保护和救助被犯罪侵害的未成年人。

依法打击侵害未成年人犯罪。

充分发挥法律的震慑作用,坚决斩断伸向未成年人的黑手。

前一段时间陕西就发生了一起案件:继母对7岁的孩子长期进行虐待和施以暴力,经常把这个孩子打得遍体鳞伤,最后造成这个孩子颅脑重度损伤,成了植物人,引起了公愤。检察机关依法对这位继母进行了起诉,法院依法判处其有期徒刑12年。

加强诉讼监督。

我们在诉讼活动中,要加强诉讼监督,对于侦查、审判中的违法问题,充分行使检察机关的职能,强化监督,保证司法的公正。

前两年就发生过一起案件：教师秦某利用职务上的便利，强奸、猥亵了六七个十岁左右的幼女，给这些幼女的身心造成了严重的侵害。一审法院作出重判，但是二审法院基于证据等方面的原因，包括被告人不认罪，对这个被告人从轻判处10年有期徒刑。该省检察院提请最高人民检察院抗诉。

最高人民检察院经过审查以后，认为案件事实是很清楚的，证据是很充分的，在适用法律上，二审法院确实存在错误，量刑也畸轻。最后，最高人民检察院依法向最高人民法院提出了抗诉，最高人民法院审判委员会专门讨论了这个案件。

最高人民检察院检察长张军同志出席了审判委员会会议，在会议上，对这个案件的性质、法律适用、量刑的问题充分发表了意见。最高人民法院采纳了最高人民检察院的意见，改判秦某无期徒刑，依法严惩了罪犯。

▲ 2018年6月11日，最高人民法院举行审判委员会第1742次会议，最高人民检察院检察长、首席大检察官张军依照法律规定列席会议。

关注、关切和关心被侵害的未成年人。

在办理侵害未成年人的案件中，

检察机关坚持文明理性的态度，在办案中，始终关注、关切和关心被侵害的未成年人。

最高人民检察院在全国推广了未成年被害人一站式询问的制度。就是说，要在特定的办案场所，由专门的办案人员——他们都非常熟悉未成年人的身心特点——采取未成年被害人容易接受的方式进行询问。

通过一次询问，完成取证和询问的工作，避免多次询问、不当询问给未成年被害人造成二次伤害。

惩教并举，教育、挽救涉罪未成年人

第二个方面是要最大限度地教育和挽救犯罪的未成年人。

刑事诉讼法明确规定了对犯罪的未成年人，要实行教育、感化和挽救的方针，及教育为主、惩罚为辅的政策。检察机关把这个方针和政策作为办案的指导。

未成年人犯罪的情况比较复杂，可以分为比较严重的犯罪（包括严重的暴力犯罪）和轻微的犯罪。在司法实践中，对未成年人实施的严重的暴力犯罪，我们**实行宽而不纵的原则**，应当依法处理的，要坚决依法处理。

上海某检察院在办案中发现一个女生被多名同学虐待、欺凌长达两个小时，还把这个过程制作成视频上传到网上，给这个女生的身心造成了严重的伤害。检察机关依法向公安机关提出了立案监督的建议，最后公安机关依法进行侦查，移送起诉。检察机关提起公诉以后，法院依法作了判决。

通过这些案件也可以说明，对未成年人犯罪，特别是对于这种严重的暴力犯罪，不能一味地从轻，而要依法进行处理。

当然，对于大多数未成年人犯罪案件，特别是大多数轻微的案件来说，我们还是要依法以教育为主、以惩罚为辅。

严格限制适用逮捕措施。

在实践中,要严格限制适用逮捕措施。

现在,公安机关移送审查逮捕的未成年人犯罪案件,有33.59%的案件,检察机关作了不批捕的决定,就是说有1/3的案件没有适用羁押措施。这有利于更好地挽救和教育涉案未成年人。

依法适用不起诉制度。

另外,我们在办理未成年人案件的过程中,要依法适用不起诉制度,包括附条件不起诉。

2017年,全国检察机关对未成年人案件,适用不起诉的比例已经达到了17.89%,也就是近1/5的案件适用了不起诉。这就为教育和挽救犯罪的未成年人提供了很大的空间。

所谓附条件不起诉,就是对那些犯罪行为比较轻微,又认罪悔罪的犯罪嫌疑人,检察机关给他一定的考验期,在这个考验期内对其进行帮教,如果他再没有违法犯罪行为,就可以作不起诉处理,依法从宽,使他尽早地回归社会。

综合运用各项检察职能，捕诉监防一体化

第三个方面是要综合运用各项检察职能，全力地保护未成年人的合法权益。

检察机关针对未成年人保护已经采取了捕、诉、监、防一体化的措施。现在我们正在探索刑事检察、民事检察、公益诉讼、司法救助一体的综合保护规范和体系。

使检察机关各项职能统一于未检部门，由未检部门统一行使。这样才能全方位地做好未成年人的保护工作。

检察机关重视法治宣传教育

同时，检察机关也特别注意发挥法治宣传教育的作用。前两年，最高人民检察院联系教育部，制定了法治进校园的三年宣讲活动。各级检察机关的未检检察官走进校园，走进有关单位，在各个方面大力开展法治宣讲。

最高人民检察院检察长张军也专门受聘担任北京市第二中学法治副校长，还给他们讲了法治第一课。

现在，最高人民检察院副检察长、部分厅长，以及各级检察院检察长、未检部门的检察官，很多都担任了学校的法治副校长，经常走进校园，开展法治教育工作。

未成年人检察工作，经过30多年的发展，取得了明显的成效。下一步，我们要进一步完善工作，适应人民群众对未成年人保护的新期待和新要求，不断地完善我们的法律制度，充分地履行检察职能，让每一名儿童都在法治的蓝天下茁壮成长。

近年来,未成年人保护力度日益加强,未检工作也面临新问题、新挑战。

陈国庆:存在发现难和查处难的问题。

姚建龙:除了懂法律知识之外,还要懂心理学的知识、犯罪学的知识、教育学的知识。

 为了破解未成年人案件处理的难点,各级检察机关进行了哪些尝试?专家与大检察官对此有何看法?

杨成武:建立信息员队伍。

吴　燕:完善检察社会服务体系。

章　蕾:建立强制报告制度。

宋英辉:应该说效果还是非常不错的。

陈国庆:非常好的探索,值得推广。

宋英辉
北京师范大学刑事法律科学研究院教授

姚建龙
上海政法学院教授

席小华
首都师范大学教授

苏文颖
联合国儿童基金会儿童保护项目官员

解决未成年人案件发现难、查处难问题

阿果

陈检,刚才在您的演讲中,我们听到您举了一些侵害未成年人的案件。我们也发现,最近几年社会上出现了一些侵害未成年人的很严重的恶性案件,比如说红黄蓝虐童案件、携程幼儿园案件等。

当我们在为这些被侵害的未成年人感觉到揪心和痛心的时候,我们发现这些案件有一个共同点,就是具有隐蔽性和持续性,有些侵害甚至长达几年才暴露出来。所以我首先想问您,您觉得为什么会出现这样的情况?

陈国庆

这个就是我们经常说的,未成年人案件有些发现难、查处难。

因为有些侵害未成年人的案件,案发场所比较隐蔽,而未成年人发育尚未成熟,认知能力、感知能力,包括表达能力都不太成熟。所以对有些行为的认识,比如,它是不是犯罪、是不是侵害,他年龄太小,认识不清楚。这就造成了有些针对未成年人的犯罪案件存在发现难和查处难的问题。

有些发现难 查处难

阿 果

那对于这个问题,应该怎么解决?我们想听听场上嘉宾的观点和看法。

宋英辉

解决这个问题,主要是从几个方面入手:

第一个方面就是要破解发现难。家长或者其他的照管人应当有这样的一个意识,就是密切关注自己的孩子,他有没有异常的情况。另外,多和孩子交流,询问他在外面的一些活动情况,如果发现自己的孩子受到了侵害,应当及时报案。

第二个方面要解决的就是怎么样去收集证据。这类案件,除了要及时地收集证据之外,还有一个难题就是对年幼的被害人、证人,因为他们认知能力差,跟成年人不一样,所以在询问、取证的时候有一些特殊性。比方说一个小孩,不能完整地表达他受侵害的情况。

这就要求我们的办案人员,要接受专门的培训,或者是借助专业的儿童心理人员,去协助或者是指导询问,这样可以及时地对证据进行收集、保全。

姚建龙

很多国家为了破解这种发现报告难,都明确规定了未成年人受违法侵害的强制报告制度。

我国《未成年人保护法》第六条明确规定,保护未成年人是一切机构、组织跟个人的共同责任。但是在这种共同责任的原则之下,我们并没有明确地建立受犯罪侵害的未成年人的相应的强制报告制度,我觉得这是我们需要改进的地方。

席小华

对于未成年人被侵害案件查处难的问题,我觉得在研究和培训方面还是有一些工作可以做。

比如,我看到美国有一个儿童健康与人类发展中心,它研发了一套《被侵害儿童侦讯手册》,有30多页的内容。

司法人员在遇到未成年人被侵害的案件的时候,怎么设计开场白,怎么去了解孩子认知的特点,怎么询问到真实的信息,应该有一个严格的指标框架的指引。我们的检察官、公安干警如果有这样的一个培训,对于侦破这类案件是很有帮助的。

阿 果　在这方面还有很多值得探讨、值得摸索的。

接下来我们就请来自基层的检察官讲讲在办案中是怎么解决这个问题的。

杨成武　我们是通过设立未成年人保护的武城未检平台，建立信息员队伍，完善奖励机制等方式发动群众。

杨成武，
山东省武城县
人民检察院
副检察长

群众可以通过扫描二维码、手机APP登录网站以及拨打热线电话等多种途径反映问题。问题通过平台自动地流转到相应的职能部门进行处理，检察机关对问题处理的全过程进行监督。

平台运行3年以来，我们通过对平台反映问题线索的梳理，办理了涉未成年人案件30余件，解决了涉未成年人问题1000多个。

章 蕾

其实刚才姚教授在发言的过程当中已经提到了一个概念，那就是强制报告制度。我今天想要介绍的也是我们萧山检察院2018年在办理一起性侵案件的过程中，对强制报告制度进行的一些研究和探索。

章蕾，浙江省杭州市萧山区人民检察院检察官

所谓的强制报告是指医疗机构及其工作人员，在工作中发现未成年人遭受或者疑似遭受，类似强奸、猥亵、虐待、遗弃、拐卖，包括暴力伤害等非正常的伤害或者死亡的案件时，应当及时地向公安机关报案，并且同时向检察机关和卫生主管部门进行备案。

强制报告在杭州萧山推出运行以来，到目前为止已经收到了11起侵害或者疑似侵害未成年人的案件线索，经过检察机关提前介入和引导公安机关侦查，目前已经成功地立案3起，并且向相关的职能部门制发检察建议书2份。这也充分说明强制报告制度在未成年人司法保护这一方面有着积极的作用。

未成年人的特殊性

阿果 　刚才我们一直在谈未成年人的保护，其实我们说这个保护，也包括那些误入歧途的未成年人，他们也需要挽救、需要帮扶。而且我们在保护的时候，刚才陈检在演讲当中也提到了，要充分地考虑到未成年人的特殊性。

所以接下来我想问几位嘉宾，您觉得未成年人的特殊性具体体现在哪些方面？

姚建龙 　我们曾经认为未成年人和成年人没有本质的差别，孩子只是一个缩小的成年人。

但是近一两百年以来，我们看待孩子的观念，发生了非常重大的变化。我们认识到孩子与成年人之间不仅仅是量的差别，而且有质的差异。

孩子是独立的个体，他不是一个缩小的成年人。从生理发育的角度来说，他的发育过程没有完成，他具有很强的可塑性；从心理上来说，他的社会化也没有完成。

宋英辉

未成年人和成年人最大的区别就是他身心不成熟，表现在几个方面。

一个就是他的大脑在发育期，所以他的情绪控制和行为控制能力是不足的。因为我们知道他违法犯罪主要是因为情绪控制和行为控制出现了问题。再有一个特点，就是因为未成年人处在学习知识和积累社会经验的一个阶段，生活阅历不足，判断是非的能力比较弱。另外，未成年人的心理不成熟也表现在他思维方式单一、容易走极端，特别敏感，所以特别容易受到外界不良因素的影响。

我们有一个图片可以展示给大家。这是两个未成年人的颅脑扫描影像。我们可以看到左侧的图片，它的白色的部分密度比较高，黑色的区域比较少；右侧的图片，它的白色部分明显密度偏低，而且黑色的部分比较多。说明什么呢？

这是两个生活在不同环境下的未成年人。左侧的未成年人他受到比较良好的教育，有比较良好的监护条件，当他出现问题的时候，父母或者是其他的人可以和他进行沟通交流，通过商讨不同的办法去解决他的问题；右侧的未成年人他所处的环境，有各种不良的外界的刺激，当他出现问题的时候，针对他的只是处罚，或者是暴力行为。这些说明外界的不良刺激，对未成年人的大脑发育会带来不可逆的一些影响。

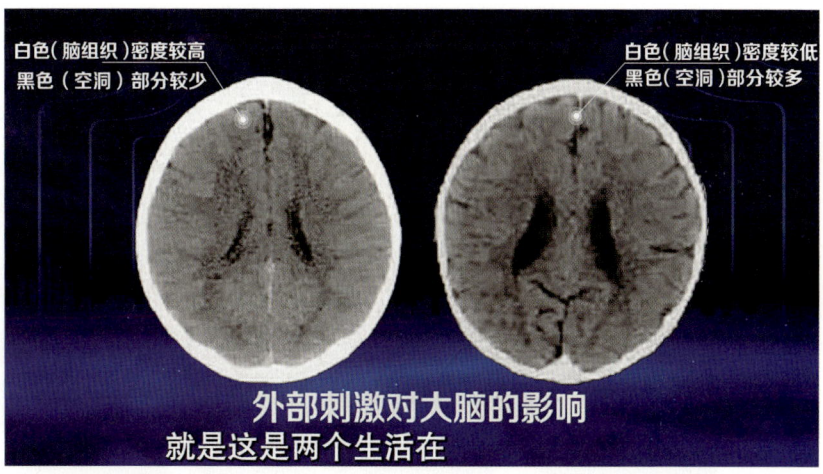

所以当未成年人出现犯罪问题的时候，一定要强调专业的干预，这是脑神经科学研究的一个结论。

提升未检工作专业性

阿果　刚才几位专家谈到了未成年人特殊性的不同的方面。接下来想问一下陈检，这对我们未成年人的检察工作会带来哪些挑战？

陈国庆　在未成年人违法犯罪，包括侵害未成年人案件的办理中，我们感到，一是特殊保护这个理念，还没有特别广泛地被认同。

二是刑事诉讼法，包括其他法律规定的一些制度，像专人办理、分管分压，在有些地方没有很好地得到落实。

所以，我们要针对这些问题，也可以说是挑战，进一步落实法律的规定。比如，未成年人案件必须落实专人办理，从公安机关侦查人员侦查，到检察机关起诉，再到审判，都要由专门的熟悉未成年人身心特点的司法人员办理。

姚建龙 就办理未成年人案件的专业团队而言，一般有三个方面的要求。

第一个是品行方面的要求。也就是说，对和未成年人打交道的成年人本身的品行要求是非常高的。第二个是知识背景的差异。除了懂法律知识之外，还要懂心理学的知识、犯罪学的知识、教育学的知识，等等。知识要求实际上是非常宽、非常广的。第三是生活阅历、办案经验上的要求。如果缺乏生活阅历和办案经验，那就很难把未成年人案件办好。

席小华 | 刚才姚教授对未检工作专业化做了特别好的总结。除了检察机关实现从立法上、机构上、机制上的专业化以外，我觉得还有一个特别重要的核心，就是我们应该有一些专业的团队支持未检工作，做好未成年人的教育工作。

我们都知道，做人的教育工作是非常难的。我们的检察官大多是学法律出身，我们不可能期待我们的检察官全部既有法学知识，又有社会学、心理学这样的一些知识背景。

那么在专业分工如此精细的一个时代背景下，我们有很多的专业是可以支持未检工作的。比如说社会工作，比如心理学，可以提供很好的支持。

高检院和团中央会签了《关于构建未成年人检察工作社会支持体系合作框架协议》。我理解，它旨在建立一个以社会工作专业为核心的社会支持体系。

构建未检社会服务体系的基层实践

阿果 | 刚才听了各位专家的分享，我理解有两点非常重要：一个就是专业性，还有一个是要学会合作。

我们的未检部门，我们的办案人员，要学会和社会相应的机构联手合作，形成一个全方位的体系来帮助未成年人。

我们今天还请到了上海市人民检察院未成年人刑事检察处的吴燕处长。请吴处跟我们谈谈在办案过程中是怎么和那些专业机构进行合作的。

吴 燕

我非常赞同刚才席教授的说法，未检工作的发展和完善，离不开社会支持体系的构建。

吴燕，
上海市
人民检察院
未成年人刑事
检察处处长

可以说，上海现在构建的检察社会服务体系，就是我们社会支持体系的一个非常重要的缩影或者一个体现。这个服务中心通俗一点说有点像中介，或者说像中介机构。怎么说呢？就是检察机关在办案过程中，会把我们的司法保护的一些需求提交给服务中心，由中心再把我们的需求转介给相关的专业的社工组织。

（阿果：你们觉得预期的效果如你们所愿吗？）

以往，检察官要多方地去联系、寻找资源，由一个办案的检察官变成全能的检察官，变成多面手。

而全能又使我们专业办案的检察官不能很好地或者专心致志地开展办案工作，其实是对检察官的专业化有了一定的影响。

所以这个转介的模式也应运而生，检察社会服务体系由此构建。我觉得这样一个模式，其实也真正地实现了司法的归司法、社会的归社会。

阿 果 | 接下来我们听听来自四川成都的分享，让我们看看他们是怎么做的。

黄 刚 | 我想分享一下我们从2016年开始探索开展的强制亲职教育制度。

黄刚，
四川省成都市
人民检察院
未成年人检察处
副处长

之所以开展这项工作,是因为我们在办案中发现,未成年人涉嫌犯罪的案件中有80%以上的父母都存在打骂、体罚,或者是放任、溺爱等管教方式不当的问题,有的甚至对孩子是完全的不管不问,这就导致了所谓"父母生病,孩子吃药"的现象。

为了解决这一个问题,我们对于因为父母不履行或者不正确履行监护职责,导致未成年人走上违法犯罪道路的,由检察机关发出强制亲职教育通知书,要求父母接受一定时间的亲职教育。**检察机关主要是负责督促父母接受亲职教育,对父母开展法治教育,社会专业力量则负责开发包括家庭沟通、亲子关系、情绪疏导等内容的亲职教育课程。**

到目前为止,全市检察机关对500多名父母开展了强制亲职教育工作,从实践来看,通过参加亲职教育课程,提升了父母教育抚养子女的技能,改善了亲子关系,为涉罪未成年人顺利回归社会,重塑了一个健康和谐的家庭环境。

阿果 ｜ 接下来我们想换一个视角，请北京超越社工事务所的李涵副主任谈谈作为专业的社会服务机构，你们是怎么看待和检察院合作的。

李涵 ｜ 我是一名来自北京的青少年司法社工。

我们从2009年开始在北京做这个工作以来，从最开始的只对涉嫌犯罪的未成年人开展社会调查的服务，拓展到在要求"合适成年人"在场讯问、询问而未成年人没有法定代理人到场时，我们去保护他的权益，承担一系列职责。

在北京，所有检察机关有可能发现的、有需要的孩子，都有专门的干预机制，都有专业的服务跟得上。

李涵，
北京超越社工
事务所副主任

我和检察官们并肩一起一个一个地方去家访，一个一个学校去谈，一个一个司法救助去做，在一起成长的过程中，感受到他们非常包容地在等待我们这个专业的成长。

| 阿果 | 我们能感觉到这样一个联手确实对于未成年人检察工作是一个特别好的帮助和推进。
我想问一下陈检,您对于他们做的这些工作,有什么样的想法? |

| 陈国庆 | 社会的支持体系越来越专业化,这也给了我们一些压力,使我们感受到了紧迫感。
所以,现在检察机关也在加快未检工作专业化的建设,包括专人办理、专门机构的设置,包括检察官不仅要有法律知识,还要多学一些心理学、教育学各方面的知识、帮教的知识。我们也要在专业化的方面更上一个台阶。 |

暴力侵害、校园欺凌、低龄未成年人犯罪问题日益成为社会焦点。

　　陈国庆：呈现了一些组织化、成人化和暴力化的倾向。

　　姚建龙：未满14周岁的未成年人，对所有的犯罪行为不负刑事责任。

　　宋英辉：有的甚至主张降低责任年龄。

 　　面对刑事责任年龄的争议，节目现场权威专家展开激烈探讨。

　　苏文颖：全球平均的刑事责任年龄是12岁。

　　姚建龙：降到12周岁，我们肯定还会出现未达到12周岁的未成年人恶性犯罪，怎么办？

 　　解决低龄儿童犯罪的管教问题，检察机关究竟该从何处入手？

刑事责任年龄可否降低

阿果　　对于未成年人犯罪,可能惩戒不是目的,更多的是为了挽救、为了帮教,刚才陈检也提到,叫"未成年人利益最大化"。

这个原则是对的,理念我们也是认同的,但是我们也听到这样一些案例:一些未成年人违法犯罪,而且有的是很严重的犯罪,比如说有杀人的,有抢劫的,但因为他们的年龄没有达到国家法定的刑事责任年龄,检察院没有办法对他们进行刑事追诉。

所以有人就提出,年龄不能成为青少年犯罪的护身符。对此,我想听听各位嘉宾的看法。

姚建龙　　我国刑法规定,未满14周岁的未成年人,对所有的犯罪行为不负刑事责任。但是已满14周岁不满16周岁的未成年人对故意杀人、故意伤害致人重伤或死亡等8类严重的刑事犯罪行为要承担刑事责任。已满16周岁的未成年人,将对所有的犯罪行为承担刑事责任。但是如果未满18周岁的,应当从轻或减轻处罚。

刑法对刑事责任年龄作出如此规定，主要有几个理由。第一个是根据未成年人身心发育的特点，根据他的辨认和控制能力的一般状况作出的这一规定。第二个是根据未成年人权利与责任相一致的原则作出这一规定。

阿 果　14岁以下的不承担刑事责任，那对于这些未成年人若违法犯罪了，应该怎么样进行管教和惩戒呢？现在国家在这方面有什么规定吗？

宋英辉　不追究刑事责任的话，可以责令他的家长严加管教，必要的时候由政府收容教养。

现在这些规定在实施中遇到了一些困难。因为很多是家长监护能力弱，或者监护方式不当，所以孩子才出了问题，再责令他管教，有的时候效果也不是太理想。

法律规定必要的时候政府收容教养

至于犯罪的，就是触犯刑法的这部分，法律规定必要的时候政府可以收容教养，但是因为规定得比较原则，比如谁来决定、谁来执行、具体教养的方式方法都不明确，所以在实践中执行得比较少。所以现在社会上对这部分反响比较大，有的甚至主张降低（刑事）责任年龄。

姚建龙

如何应对未达到刑事责任年龄的低龄未成年人的恶性犯罪，其实争议非常大，是否应当降低刑事责任年龄是其中争议最大的。降低刑事责任年龄也是很多人主张的应对低龄未成年人恶性犯罪的一个解决方案。

但是，需要指出的一个现象是，无论刑事责任年龄怎么降，它始终会存在一个未达到刑事责任年龄的未成年人恶性行为应该如何处理的问题，因为我们没办法取消刑事责任年龄限制。

假设降到12周岁，我们肯定还会出现未达到12周岁的未成年人恶性犯罪，怎么办？降到10岁，还会存在7岁的未成年人恶性犯罪，怎么办？所以，应对低龄未成年人犯罪的核心药方，不应当只是讨论是不是应该降低刑事责任的年龄，而应该把重心放在如何去完善应对未达到刑事责任年龄的未成年人恶性犯罪的干预机制上，或者说教育校正的机制，这才是重点。

苏文颖

我也补充一个信息：联合国儿童权利委员会做过一个统计，全球平均的刑事责任年龄是12岁。同时该委员会也在一个专门关于未成年人司法的意见中提出，**不建议适用低于12岁的最低刑事责任年龄**。

我也非常同意刚才姚教授说的我们重点要关注的刑事责任年龄问题，应该将视线转移到怎样去建立一个更加完善的、更加综合的未成年人保护体系，可以尽早地发现、识别和干预未成年人违法犯罪的问题。

建立分级干预制度应对低龄未成年人犯罪

宋英辉 ｜ 我个人的主张是应该在刑法中针对不同的行为进行分类，建立一个分级干预的体系。

比如，我们可以把未成年人有问题的行为分为几种类型，如不良行为、治安违法行为、触犯刑法的行为。

对一般的不良行为，像多次的夜不归宿、多次的逃学旷课、到他不该进入的场所等，对这样的行为，在学校可以建立告诫制度，由校方予以告诫。然后根据情况也可以由专业的社工跟进、帮教，和他的监护人建立密切的联系，对他的家庭监护进行支持，提升监护能力。

对治安违法行为，可以由警方来训诫，根据具体的情况也可以成立帮教小组，由专业社工跟进、帮教。

如果没有达到刑事责任年龄，但实施了严重的危害社会的行为，可以适用收容教养。但是收容教养制度应该进一步完善，比如决定的机关、适用的程序、教养的场所等。

这么一个分级干预的体系和现行的刑法和刑事诉讼法能够形成一个衔接的体系。这样的话，即使未达到刑事责任年龄，他有违法或者是犯罪行为，也可以进行专业化的、早期的干预，避免他的行为越来越严重，最后走向更严重的犯罪道路。

阿 果 也就是说，简单的一刀切或者降低刑事责任年龄并不是特别合理、严谨的方式，而应该分层、分级。

宋英辉 对，应该说使违法犯罪的未成年人回归社会，才是对社会最好的，也是对他们最有效的保护。

阿 果 其实关于这个问题，我们基层很多地方已经进行了大胆的尝试，接下来我们再分享一个来自基层的模式，看看他们在未成年人犯罪的管教问题上是怎么做的。

邓扬城

广东英德是在2016年8月份跟学校合作,成立了一个帮教基地,专门接收12岁至17岁的未成年人,其中很大的一部分是没有达到刑事责任年龄而且具有严重不良行为的未成年人。

邓扬城,
广东省英德市
人民检察院
未成年人检察
工作办公室主任

当时我们是跟一个民办的学校合作,考虑的也是这些未成年人的可塑性,在学校里方便对他们采取一些比较集中、统一的专业化的教育措施。

帮教结束之后,我们还要进行跟踪随访,有很多工作要做。如果他在学龄期,我们也会安排与教育局、其他的学校进行合作,让他们复学。超过学龄期,他本人又不愿意继续学业的,我们就协助他就业。

自建立该基地以来,我们的外出、流出外省市犯案的未成年人犯罪率,公安机关发布的数据表明下降了95%,重新犯罪率也下降了90%。

中国中央电视台 CCTV　　　CNR 中央人民广播电台　　　人民日报

 中国日报 CHINADAILY.COM.CN　　　　　　　法制日报

经济日报

光明日报　　　 澎湃新闻 THE PAPER

 中国青年网 youth.cn　　新华社　　中国妇女报

法制晚报

检察日报　　　 北京青年报 BEIJING YOUTH DAILY

中国新闻社

如何应对新型网络侵害未成年人的犯罪

法制日报

陈检好,各位老师好,来自《法制日报》记者提问。

随着网络时代的到来,近年来出现了成年人利用网络对未成年人隔空猥亵这一新型的犯罪行为,最高人民检察院对此有什么措施和方式来应对?

陈国庆

随着互联网的发展,涉及未成年人的犯罪也出现了一些新的情况、新的问题。你刚才说的隔空猥亵的问题,是近来出现的一种新的犯罪形态。

大家可能注意到了,最近最高人民检察院发布了第十一批指导性案例,这些案例都是涉及未成年人的犯罪,特别是侵害未成年人的犯罪。对您刚才说的隔空猥亵这种行为,我们就通过一个案例明确这种行为在性质上、在危害性上和实际发生的强制猥亵是一致的,应该依法追究刑事责任。

这批案例现在已经发布了，最近各媒体都在转。这些案例发布以后，包括各级公安司法机关，都要参照办案，所以对办案有指导作用，等于通过这批案例解决了法律适用问题。

明确未检工作职权界限

陈检好，各位专家老师好，来自《法制晚报》"看法"新闻客户端记者的提问。

在涉及未成年人的案件中，哪些需要检察机关介入办理？检察院在这方面有没有相关的边界和界限？

陈国庆

检察院介入主要可以分为两个方面。

一个是刑事案件。刑事案件公安机关在侦查中,若涉及未成年人犯罪,或者侵害未成年人犯罪,如果这个案件重大、复杂,有比较大的社会影响,**检察机关可以介入侦查**,有时候公关机关也会主动邀请检察机关介入。

检察机关介入以后会对案件的法律适用及证据的收集、审查、认定提出意见,保证案件侦查的顺利进行,以满足以后我们指控犯罪的需要。这是一种。

另一种介入比如说民事案件。如果我们发现法院的一些判决,特别是民事判决,在维护未成年人的权益方面如果存在问题,适用法律上确实有错误,检察机关可以通过再审程序进行抗诉,就是通过法院的再审程序纠正这些错误。这是我们介入民事案件的一种方式和一种程序。

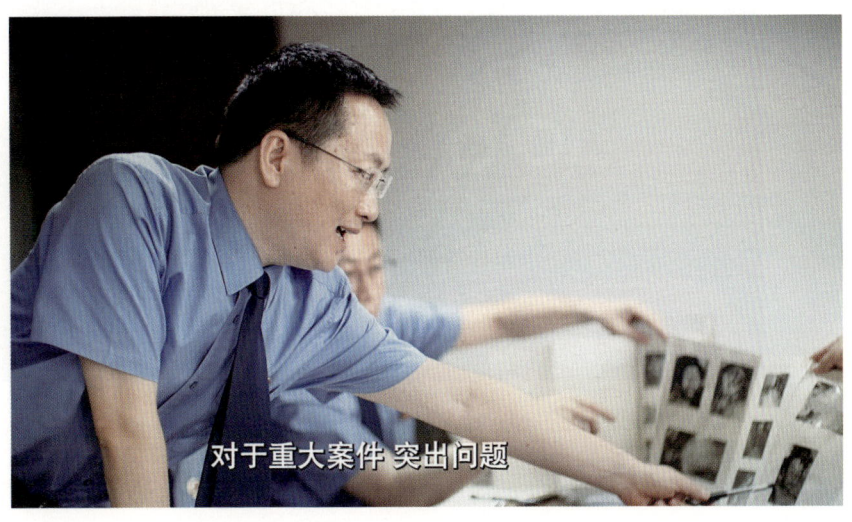

对于重大案件 突出问题

> **画外音**
>
> 为了切实有效地保护未成年人的合法权益，各级检察机关对于侵害未成年人的犯罪始终坚持零容忍，依法从严从快审查逮捕、审查起诉，对于重大案件、突出问题，检察机关采取快速反应、专项惩治、从严追诉、强化监督等一系列措施，确保及时、准确、有力地打击、指控犯罪，有效保护未成年人免遭侵害。
>
> 自2017年1月至2018年4月，全国检察机关共批准逮捕侵害未成年人犯罪案件嫌疑人4.42万人，起诉6.03万人，一大批拐卖、伤害、猥亵儿童等社会焦点案件得到依法处理，从而切实落实了"未成年人利益最大化"的司法理念，为孩子们的健康成长保驾护航。
>
>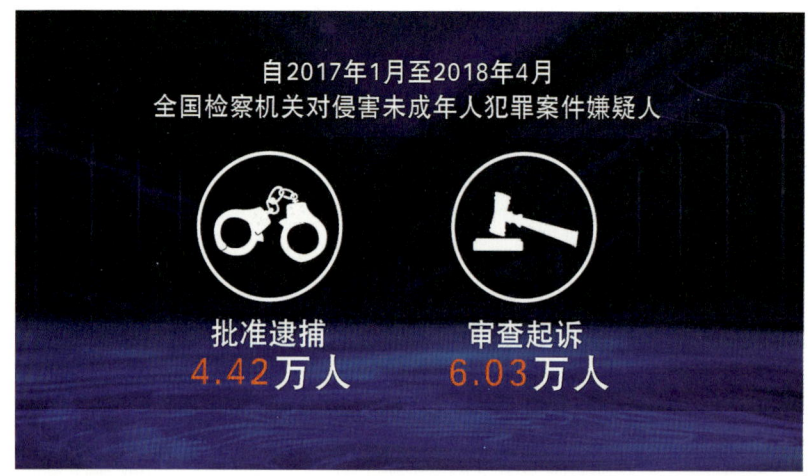

| 阿 果 | 我们知道未成年人合法权益保护任重道远,我们真的是时刻不能松懈,还有很多事情需要我们去做。最后,我们想请各位嘉宾用几句话来表达您的期待。 |

| 苏文颖 | 我们每一个人都曾经是孩子,让我们不要忘了当年我们也曾经天真、冲动、无助、困惑、脆弱和固执,所以让我们对未成年人多一点爱和关注,多一点耐心,多一点克制。 |

| 宋英辉 | 在社会治理中未成年人保护和犯罪预防工作是一项源头性、基础性的工作,希望检察机关、未成年人检察,在未成年人保护和犯罪预防工作中发挥越来越重要的作用。 |

| 姚建龙 | 少年司法制度在国际上被公认为衡量一个国家司法文明、现代化程度的重要标志,全面推进依法治国战略的实现离不开独立的少年司法制度的建立,我非常希望独立的少年司法制度能够早日在我国建立。 |

席小华 | 未成年人司法保护工作其实极大地考验着我们全社会的良知、爱心、耐心乃至智慧，期待我们所有人能够经受住这样一场严峻的考验，为未成年人的健康成长搭建一片蓝天。

阿　果 | 谢谢四位嘉宾的分享。最后，我们想听听陈检对于未成年人检察工作的未来发展有什么期待。

陈国庆 | 未来我希望我们更全面地履行检察职能，更好地保护未成年人的合法权益，在未成年人检察工作专业化、制度化、法治化方面迈上新的台阶。

阿 果

谢谢陈检,谢谢我们四位嘉宾的建言献策,感谢现场的媒体朋友、来自基层的检察官和所有的观众朋友们。

未成年人的健康成长关系着国家的未来和民族的希望,关系着亿万家庭的幸福安宁和社会的和谐稳定。加强对未成年人的司法保护,既是检察机关的重要职责,也是全社会的共同责任。

十年树木,百年树人,保护未成年人健康成长,预防和减少未成年人违法犯罪,这无疑是另一种意义上的"希望工程"。

以公益的名义(上)

生态环境遭破坏,伪劣食品药品威胁百姓身体健康,检察机关因何出手?

> 张雪樵:检察官作为公共利益的代表,肩负着重要责任。如果督促无效,可以提起行政公益诉讼。

> 别 涛:同时推动多个部门,来相互履职,否则的话,那咱们就是要法庭上见。

检察公益诉讼制度出台一年多时间,究竟成效如何?

> 张雪樵:从2017年7月全面实施检察公益诉讼制度到今天,检察机关共发出检察建议书6万多份,92%都得到了采纳。

> 梁 莉:5个小时之内,就把这个14年没有拆的违法建筑,进行了拆除。

在检察公益诉讼中,检方把行政机关告上法庭,双方是否会因此产生矛盾?

> 陈自力:说实话,当时接到这个检察建议书,我们是有一些不理解。

> 匡 凌:不支持、不配合,感觉我们是来给他们挑刺的。

> 张雪樵:作为被监督者,总是觉得好像有点被动的吧。如果告到法庭上,我是被告,如果败诉,谁愿意做败诉的被告!

以公益的名义,听大检察官为您讲述公共利益如何维护。

王端端　公共利益就如同环绕在我们身边的空气和阳光一样,每个人都需要它,但是它又并不专属于某一个人。于是在很多人的眼中,公共利益也就成了一块令人觊觎的"唐僧肉"。

多年来,公共利益受损已经成为民众心中之痛,伪劣的食品药品危害百姓舌尖上的安全,环境污染又使碧水蓝天失去了色彩,网络不当言论又使美丑和是非失去了标准。

那么当公共利益受损的时候,我们应该找谁来维护呢?尤其是一些本该负责的职能部门无所作为的时候,法律又赋予了检察机关什么新的使命?

今天我们就请大检察官来谈一谈检察公益诉讼。

首先为您介绍一下今天场上就座的四位嘉宾:中央党校教授卓泽渊,北京大学法学院院长、教授潘剑锋,中国人民大学法学院院长、教授王轶,中国社会科学院法学所研究员周汉华。同时我们也欢迎媒体席上就座的15位媒体界的朋友们,还有现场的检察官朋友们,欢迎大家的光临。

接下来就请出今天的主角。

张雪樵
最高人民检察院副检察长
二级大检察官

大检察官说

> 我做了八年的执业律师,每年要办近一百个案件。我每接了一个案件,就像一个演员进入了角色,尽可能地要想象到当事人他所碰到的一些困难,将心比心。
>
> 从律师转行到检察官是一个很大的转折,但是它的追求应该都是为了公平正义。
>
> 对于法律的信仰,就是你甘于为了法律,办好一个案子,愿意放弃你现在拥有的一切,这才是叫信仰。
>
> 司法有度,有度才能有情,才能入理。公平正义,不在法典中,在人民群众、百姓的口碑中。

最高人民检察院

张雪樵　小时候我们经常会背一首诗，敕勒川，阴山下。天似穹庐，笼盖四野。天苍苍，野茫茫，风吹草低见牛羊。蓝蓝的天空，清清的湖水，绿绿的草原，好美的天堂啊！

但是近年来，在大青山国家自然保护区，违法采矿，违法占地办厂，乱象丛生，满目疮痍。

2018年1月以来，大青山沿线的武川县、新城区、青山区人民检察院查明有71家厂矿企业，没有按照政府规定的时间退出草原，依照行政诉讼法的规定，3家检察院向当地的国土局、环保局、农牧林业局、自然保护区管理局依法发出公益诉讼检察建议书，督促它们依法履职，及时清退厂矿企业。

到2018年8月，71家企业全部清理退场，补植复绿了3400亩草原，清清湖水绿绿草原，得以重生再现。

🛡 百年之问

也许你会问,检察官是站在法庭上指控犯罪,保一方平安,怎么今天做起了保护青山绿水的大自然天使呢?

这其实是个百年之问。100多年前,《美国经济评论》杂志首次提出了"公地治理"的难题,也就是说公共资源谁都可以利用,但公共资源被人滥用或者破坏,谁又都无可奈何,阻止不了。

就像我们今天社区养狗,到处乱窜、乱咬,3岁小孩都不敢出门,公共绿地成了狗的天堂,满地污秽难以下脚。大家都在抱怨:政府怎么不来管管。

也许政府还腾不出身手,也许政府先顾着把城市做大,还没来得及顾及公益和公平。

那么,面对比比皆是的公益侵害,谁应该挺身而出,来为公益代言呢?

习近平总书记专门强调,检察官作为公共利益的代表,肩负着重要责任。

当发现生态环境破坏和资源保护、食品药品安全、国有财产保护、国有土地出让等领域，负有监督管理职责的行政机关违法乱作为或者不作为，造成公共利益受到侵害的，检察机关应当依法督促行政机关自行纠错；如果督促无效，可以提起行政公益诉讼，把行政机关告上法院。

检察建议书起什么作用

在湖南长沙有条美丽的捞刀河，河上有座美丽的小岛，叫腾飞岛。2003年4月就被列为长沙市饮用水的水源一级保护区，水厂的取水口就在那里，按照法律规定，那里是不得开发房地产的。但是不久，一家地产公司还是拿下了整座岛的用地，开始打造长沙市首屈一指的超级大楼盘"威尼斯城"。

房子造了一期、二期、三期，楼盘越卖越火，房价越跳越高，到第四期的时候，开发商擅自改变设计，九栋高楼增加了15万建筑平方米，并且未批先建，相关部门也不是一点不管，到建到第六栋高楼时，长沙县行政执法局第一次作出了行政处罚：责令停工并处罚款10万元。

区区10万元，对一个大楼盘来说九牛一毛而已，罚款即交，但高楼照建。一年之后，第六栋高楼全部建成，并且第八栋楼的基坑也已经完成。

2017年7月，长沙市人民检察院发现线索，并立案调查，查明了长沙县城建局、环保局、行政执法局，在"威尼斯城"的违法建设当中，该管不管，监管不力，行政违法证据确凿。

第七栋 第八栋楼的施工　　长沙腾飞岛违建案资料

为了保护捞刀河的生态安全、防洪安全和居民的饮用水安全，依法向三家部门发出了公益诉讼检察建议书，要求采取监管措施，该停工的必须停工，绝不允许无法无天。

刚开始财大气粗的开发商不以为然，检察机关顶真不让步，咬紧不松口，持续发力，终于逼停了第七栋、第八栋楼的施工，并把已经深挖数米的基坑全部填平复绿，追加行政罚款436万元，第九栋楼也不再开工，同时迁移水厂的取水口，建成新水厂，总算解除了居民的饮水之忧。

为什么检察院的一纸检察建议书，会成为撬动巨石的杠杆？绝不是检察机关高人一等，而是检察公益诉讼运用了法治思维。

环境受污染，公益遭侵害，政府管不了，千万次问你，总有千万个理由。由监督法律统一实施的检察机关调查，如果发现错误，也是"先君子后小人"，督促你自行纠错；如果认为没有错，也可以对簿公堂，明辨是非，最后还是由法院居中裁判。

依法行政、公正司法、尊法守法的主线贯穿始终，彰显了社会治理的法治化。

也许你会问：既然是公益诉讼，为什么不到法庭上见、分个是非？既然政府做错了，为什么不一锤定音判它个败诉？

孔子有句话讲得很好，"听讼，吾犹人也，必也使无讼乎"。意思是说，没有纠纷不打官司，才是最理想的。

政府与检察机关都是在党的领导下，以人民为中心，肩负着保护公益的神圣职责。对政府来说，无论你检察院是否介入办案，保护公益乃是分内的活；对检察机关来说，解决公益的问题，才是这项制度的使命初心。

是非对错，也不是一定要到法庭上才能分清，公益问题则是解决得越早越好，今天等不起明天。

向大家很高兴地报告一组数据，从2017年7月，全面实施检察公益诉讼制度到今天，检察机关共发出检察建议书6万多份，92%都得到了采纳，涉案的公益问题都在提起公益诉讼的时间节点之前解决到位。

功夫下在诉前，不诉胜于起诉。

检察机关提起公益诉讼的效果如何

当然硬骨头的案件，往往是难以一蹴而就的。

长江在湖北宜昌流经237公里，靠江吃江，那里的养猪业十分红火，沿江的养猪场密密麻麻，多如过江之鲫，养殖污水直排江河，十分严重。
滚滚长江东流水，浪淘尽千古英雄人物，却淘不尽百万生猪洗脚水。

宜昌市点军区检察院，查明所在辖区的艾家镇桥河村有多家生猪养殖场，养殖的废水直排长江，于是向区环保局发出了要求采取监管措施的检察建议书：废水必须净化，否则必须关停。但是半年过去了，局面没有得到根本的改观。

于是区检察院一纸诉状，把区环保局告到了区法院，区法院经过审理，判令区环保局怠于履行监管职责违法，应当全面作出行政处罚。

区环保局败诉了，但依法治水的故事并没有画上句号。没有等法院作出判决，区政府就组织了区环保局、区农林水务局、区行政执法局等多部门联合开展生猪养殖污染防治的专项大检查，不仅解决了桥河村的污染问题，还在全区范围内关停了413家违法养猪场，一下子减少了3万多头生猪。

判决3个月之后,宜昌市环境保护委员会在全市范围内组织开展了畜禽养殖污染防治的专项整治活动。

可谓是一石激起千层浪,百花齐放满园春。

做成一个案例,胜过一打文件,纠正一家错误,警示一片问题,推动一面工作,超越一事一案的传统模式,把普通案件做成依法行政的标杆案例,颠覆你输我赢的对抗格局,把公堂之争转化成公益保护的多赢共赢,这就是良法善治的深层张力和国家治理的现代化伟力。

检察机关提起公益诉讼的案件范围

除了行政公益诉讼，对生态环境破坏和资源保护、食品药品安全领域，侵害众多消费者合法权益，以及侵害英烈名誉的行为，检察机关还可以提起民事公益诉讼。

广州市查获了一个利用工业用盐假冒加碘食盐的犯罪窝点，销售数额达到12万元。

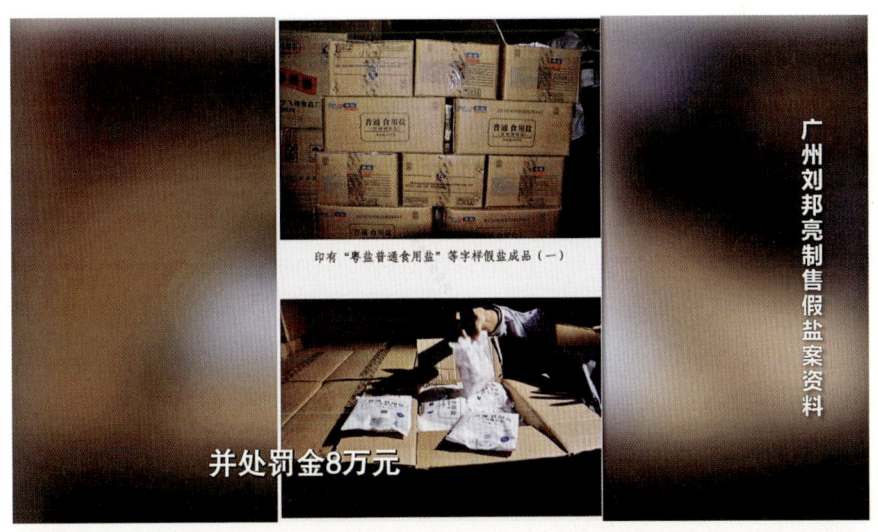

法院判处被告人刘邦亮有期徒刑3年，并处罚金8万元。

广州市人民检察院认为，虽然判了刑，但绝不能让犯罪分子发了黑心财，应当按照食品安全法的规定，按照销售额的10倍，处以惩罚性赔偿。于是向法院追加提起了民事公益诉讼，法院依法判处被告刘邦亮支付赔偿金112万元。

民以食为天，对无良奸商决不手软，要用法治的霹雳手段，严惩不贷，以儆效尤。

数说公益诉讼

有图有真相，有数有底气。从2017年7月到2018年10月底，全国检察机关共办理公益诉讼案件8万多件，超过200万亩被破坏、污染的耕地、林地、湿地、草原修复了生态，5854家违法企业、3163家违规养殖场被责令整改，查处了假冒伪劣食品21万公斤、假药851种，追回国有财产28亿元。

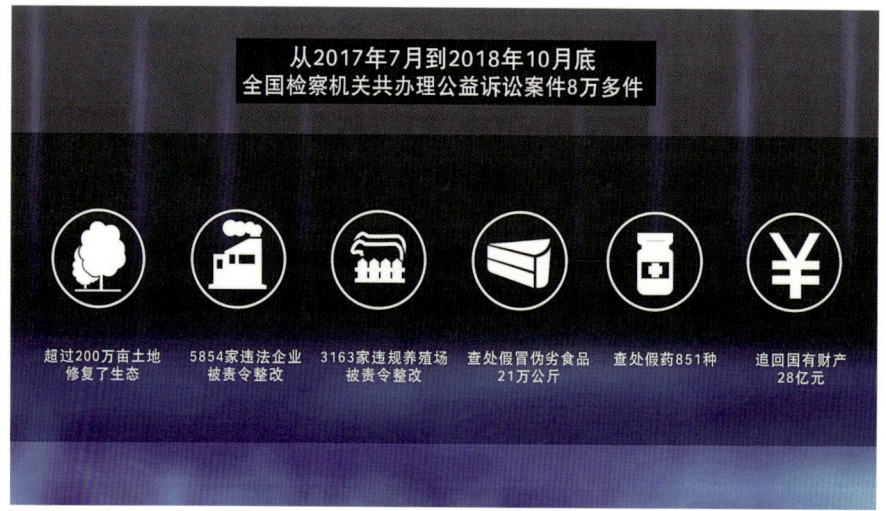

点赞公益诉讼

专门到中国来考察环境保护的联合国副秘书长兼环境规划署执行主任埃里克·索尔海姆,他由衷地赞叹道:

中国的检察官,代表公共利益,把政府告上了法院,这是了不起的体系,光这一项制度,就使中国的司法制度成为全世界最有力的司法制度之一。

美国夏威夷州最高法院麦克·威尔逊大法官,就为习近平主席点赞,他说:中国国家领导人的生态保护理念,即使从全球历史的角度来看,也是十分罕见、难得,中国的检察公益诉讼制度,堪称环境保护的全球表率。

是的,习近平总书记在十八届四中全会,首次画出了检察公益诉讼的改革路线图。

虽然四年我们刚刚起步,有待发展、完善,但足以让我们坚信,执政兴国的中国化方案,不仅破解了公地治理的百年难题,也正在为中国人民伟大的"两个一百年"和全世界人类命运的共同体创造更加美好的明天。

在检察公益诉讼中,行政机关受检察机关监督履行职责,它们是否心甘情愿?

梁　莉:刚开始它们还是有一些担心、担忧,有一点被动应付。

匡　凌:行政机关看到我们办这个案子,它就有一种担心,感觉我们是来给它们挑刺的。

 发起行政公益诉讼前,检察机关为什么要首先发送检察建议,一封检察建议究竟有着怎样的作用?

胡卫列:它体现了对行政执法权的一种尊重。

张雪樵:如果没有后面的诉讼,那可能建议会打折扣。

 检察机关和行政机关是公益诉讼中的起诉人和被告,处于监督和被监督的关系,双方因何能握手言欢、合作共赢?

陈自力:检察公益诉讼,它不是为难、刁难我们政府行政部门。

张雪樵:一个篱笆三个桩,三个桩各司其职,就会坚如磐石,如果少一个桩,就会风雨飘摇。

卓泽渊
中央党校教授

潘剑锋
北京大学法学院院长、教授

王　轶
中国人民大学法学院院长、教授

周汉华
中国社会科学院法学所研究员

王端端　非常感谢张雪樵大检察官的精彩演讲，通过您的演讲我们对检察公益诉讼有了进一步的了解。

另外我们还了解到，就是由检察机关通过检察公益诉讼这种方式来督促行政机关来解决公益问题，这个制度是我国的首创，是吗？

张雪樵　中国有句成语，橘生淮南则为橘，生于淮北则为枳。一项法律制度总是跟它的国情、社会是有关的。

在国外也有公益诉讼制度，但是国外的检察机关属于行政序列，所以它也不可能对行政机关提起公益诉讼，一般是设定了检察机关提起民事公益诉讼制度，在法国、德国、日本、英国、美国都有，但是真正的对于行政机关提起公益诉讼制度，是在我国，因为我们的检察机关具有法律监督机关的宪法定位，所以这项制度是我国首创，也是我们司法文明的骄傲。

公益诉讼制度有哪些好处

王端端 ｜ 确实追根溯源，可以看得出来，它与中国的国情是息息相关的。

那么这项制度到底还有哪些好处，我们也请现场的四位专家给我们介绍一下。

王 轶 ｜ 在世界范围内，通过法律的手段来维护公共利益，通常都会遇到两个方面的难题。

一个方面的难题简单来讲，就是"非不欲也，实不能也"。这句话的意思就是说，不是说不想去运用法律的手段保护公共利益，而是不具备这样的能力运用法律手段去保护公共利益。

这个比较典型的，在刚才张检的演讲中间其实也涉及了，比如说消费者，当他面对侵害像消费者合法权益这种公共利益维护的情形，面对无论是在信息、经济实力、交往经验都远胜自己一筹的那个经营者，他并不是不想维护，而是没有足够的能力去维护，这是一个困难。

第二个困难主要就体现为他"非不能也，实不欲也"。这句话的意思是，他有能力通过法律的手段维护公共利益，但是动力不足，他不想这么去做。这个比较典型的，主要是体现在有一些对公共利益的损害，并不是那么直接地都表现在一些特定民事主体自身合法权益的侵害上，这个时候运用法律手段维护公共利益的动力就不够。

怎么解决这两个难题？我觉得通过检察机关提起公益诉讼，可以说是我们中国人，发扬我们的智慧，立足我们的实际，提出的一个有效的解决方案。

卓泽渊　我以为人民检察院来开展公益的行政诉讼，它实际上是检察院性质和权威的体现。

人民检察院是国家的法律监督机关，当政府怠于行使自己的行政权力，或者未能很好地行使行政权力的时候，谁来监督它？

人民检察院是国家的法律监督机关

我们法定的国家的监督机关——人民检察院，从它的性质上讲，它就必须担负起监督行政机关的责任。

再从人民检察院的权威性来讲，人民检察院享有法律监督机关这样神圣的地位，它具有监督法律的权威性，就使得它比一般的公民拿起法律武器来维护自己的合法权益，比一般的社会组织拿起法律武器维护社会的公共利益，具有自己独特的职权优势。

周汉华

检察机关提起公益诉讼，可以归纳为增加了一道防线。

那么之所以讲增加了一道防线，我们知道政府机关本身也是维护公共利益的，政府也是人民的政府，但是不管是从主观，还是从客观条件来说，政府机关在维护公共利益的过程中，可能就会有做不到，能力不够，或者受到各种因素的影响等的干预或者说制约。

那么，由检察机关通过提起公益诉讼的这种机制，就为公共利益的保护多增加了一道防线，我想这对于维护公共利益，其实也是维护我们每一个公民的合法权利来说，显然是非常有利的。

政府部门面对公益诉讼制度持什么态度

王端端　那刚才几位嘉宾对于我国的检察公益诉讼制度的好处,已经是阐述得非常清楚。

这项制度是2015年开始试点,2017年正式确立,至今经过一年多的时间,已经达到了一个非常好的效果,刚才张检在演讲中都已经为我们做了介绍。

在此我们可能会有一种这样的担心,就是检察机关通过打官司这种方式,把行政部门告上法庭来督促它们解决公益问题,那么会不会得罪行政机关呢?而且双方如果说有较劲的过程,会不会使得公益问题的解决过程变得更加复杂呢?

刚才张检也提到了长沙这样的案例,今天我们节目现场也请来了湖南省长沙市人民检察院的检察官,来给我们介绍一下相关的情况。

匡　凌　腾飞岛位于长沙县新沙镇,这个岛四面环水,岛屿的面积有3000亩,这个岛屿被某世界500强的房地产企业,分四期开发成一个休闲、商业、居住的大型小区。

匡凌,湖南省长沙市人民检察院公益诉讼局(筹)副局长

王端端　当时你们发现这里有违规的建筑之后,首先向相关的行政管理部门发出了检察建议,是这样吗?

匡　凌

是的。我们向三个行政机关发出了检察建议,分别是城乡规划局、环境保护局、行政执法局。

他们的态度开始是不太理解的,三个行政机关,我们发了检察建议以后,实际上有两个行政机关是回复了两次,为什么回复了两次?

因为第一次的回复达不到我们提起公益诉讼的要求,它们三个行政机关有两个认为它们已经依法履职了,比方说行政执法局认为它已经穷尽了所有的行政执法手段,环保局认为它已经履行了监管职责,规划局认为它自己行政许可的审批是没有问题的,这主要是它们对公益诉讼不了解,还有一个法律适用和理解的问题。

王端端

那么我们今天现场也请来了这个案例的另一方当事人,湖南省长沙县行政执法局常务副局长陈自力。

陈局长您好,接到这个公益诉讼的时候,当时是发来的检察建议,当时你们是一种什么样的反应呢?什么样的态度呢?

陈自力

说实话,当时接到这个检察建议书,我们是有一些不理解。

陈自力,
湖南省长沙县
行政执法局
常务副局长

因为这个腾飞岛项目，在饮用水水源保护区范围内，它没有取得环评审批，属于未批先建。但是我们局在2016年就已经作出了行政处罚，责令开发商停止建设，并处10万元罚款。开发商交了这个罚款之后，并没有停止违法建设，作为行政执法部门，我们也苦于没有强制手段来制止开发商这种违法行为，所以当时我们认为我们已经是依法履职到位了的。

但是后来接到这个检察建议书之后，我们征求了专家意见，开会研究才意识到，就是没有穷尽所有的行政手段，实际上也是一种不依法履职的行为。

那么现在回过头来看这件事情，我们按照检察建议所列举的一些方式方法来进行执法，效果就比较明显。

（王端端：那当时你们都采取了哪些措施呢？）

这个案子涉及很多部门，规划、建设、环保、行政执法，它又关系到了上百万群众的饮水安全，所以县政府非常重视。

我们局是这样，接到检察建议书之后，马上重新立案调查，多次开会研究，重新作出处罚决定，就是责令开发商立即停止违法建设，对相关基坑恢复原状，并处罚款436.5万元。

据我了解，相关部门都按照检察建议书的内容，采取了相关的整治措施，我们的相关办案人员受到了约谈，其他部门的相关责任人员也受到了追责处分。

王端端　我觉得通过这个例子，就可以很好地看出，检察公益诉讼制度，给维护公益方面带来的好处，实实在在的好处。
那现在当政府部门再面对检察公益诉讼这样的情况，你们是一种什么样的态度呢？

陈自力　我们现在是这样认为：
第一，检察公益诉讼，它不是为难、刁难我们政府行政部门，它是帮助我们一起来破解难题，解决问题。
第二，检察公益诉讼，它能够促进我们政府行政部门更加进一步地加强沟通、协调、合作，打破部门壁垒，形成工作的合力。
第三，更有利于规范我们的行政执法行为，提高办案的质量。

什么情况下发送检察建议，什么情况下提起公益诉讼

王端端

通过双方当事人的阐述，我们能够感觉到在长沙腾飞岛这个案例当中，我们检察机关并不是说直接把政府告上了法庭，而是发送了检察建议。

那么在现实的情况下，究竟是什么样的情况发送检察建议，什么样情况又通过诉讼这样的方式来督促行政部门处理公益问题呢？今天我们也请到了最高人民检察院正在筹备中的公益诉讼厅厅长胡卫列，请他来谈谈这个问题。

胡卫列

按照十八届四中全会提出的方案，以及修法以后法律的相关规定，对于行政公益诉讼，所有的案件都需要先发出检察建议，然后不履职的再提起诉讼。

胡卫列，最高人民检察院公益诉讼厅（筹）厅长

行政诉讼的诉前检察建议，应当是基于我们国家检察机关法律监督权与行政机关行政执法权不同特点，而设计的一个非常高妙的一种制度。

它体现了检察权对行政权的尊重，特别是对自我纠错的一种尊重，也有利于节约司法资源，发挥行政机关的专业特长，来提高诉讼效率。

检察公益诉讼制度确立一年多时间,检察机关与行政机关密切合作,成效如何?

梁　莉:5个小时之内,就把14年没有拆的违法建筑进行了拆除,而且把周边15亩的非法养殖一并拆除。

回　建:联合开展了集中的清理活动,沿桑干河再现了昔日的清澈。

 监督者与被监督者,起诉人与被告,双方能够合作共赢,背后的原因又是什么?

王　轶:检察公益诉讼可以说打通了不同分工、不同实现方式的任督二脉。

周汉华:通过这个制度的设计,就相当于产生了一个鲶鱼效应,搅动了一个我们传统上僵化、固化的格局。

检察机关和政府部门在公益诉讼中如何形成合力

王端端　今天节目现场我们还请到了湖北省黄石市检察院的检察长梁莉，我们也请她来谈一谈，当地检察机关和政府部门在公益诉讼当中是如何合作的。

梁　莉　因为我们黄石是试点单位，所以我们的检察公益诉讼持续了三年。那么我的一个最深切的感受就是，行政机关对于检察公益诉讼的态度，从被动地应付转为支持，到主动地上门请求检察机关监督。

梁莉，湖北省黄石市人民检察院检察长

因为行政机关意识到，检察公益诉讼可以形成执法的合力，促进解决执法的一些难题。

比如说我们黄石有一个案例就非常典型，黄石有一个城中湖，它是省级风景区，这个湖也直通长江，这个磁湖边上有一处违法的建筑，持续了14年之久。没有拆的原因很多，涉及区一级市一级，还有不同的行政机关，每个行政机关都说以其他机关履职为前置的条件。

我们检察机关发现这个线索之后，初步地进行调查，市国土局的局长就主动到我们市检察院，请求检察机关对于有监管职责的行政机关同步监督。我们检察机关就把这个案件指定给我们下级检察院，下级检察院进行详细地调查以后，分别向市一级的4家行政单位、区一级的1家行政单位，发出了诉前检察建议。这5家单位就迅速召开了联席会议，召集了联合执法队150人，5个小时之内，就把这个14年没有拆的违法建筑进行了拆除，而且把周边15亩的非法养殖一并拆除。老百姓是拍手称快，行政机关也非常高兴。

王端端　我觉得这就像张检刚才您介绍的，这个制度似乎就是一个能够撬动巨石的杠杆。您看14年没有解决的问题，就是因为检察公益诉讼制度而得到了解决。

张雪樵　刚才讲到，检察建议发挥的作用效率高，然后问题都能解决，其实检察建议跟后面的提起诉讼是一个完整的整体。如果光提建议，没有后面的诉讼，那可能建议会打折扣，也可能没有多大刚性。

正因为先是设定了有诉讼的权力,然后我先来建议你,你先把这个事情解决,问题解决了就好了。但是如果没解决,等着你后面的是上法庭,还等着你的是判决,还等着你的是国家强制力的执行,还等着其他的在后面。

所以一个制度,它的科学性在于它的整体性、系统性和协同性。它不光是检察机关,绝对不是检察机关这一家做了那么多事情。

它有行政机关的觉悟的提高,有人民法院司法判决强制力在后面,再说大一点,是党的领导下,我们一府一委两院,整个国家公权力机构构成一个整体,在共同地治理社会、发挥合力。

王端端　确实是这样的,是最后发挥了合力。因为我们看到之前的担心并没有发生,我们的检察机关与行政部门并没有形成对立的态势,而是形成合力共同解决公益问题。

那我们也来听一听来自政府机关的嘉宾,他们怎么说。我们今天请来了河北省张家口市委书记回建,来给我们谈一谈这个问题。

回　建　因为公益诉讼它不仅能维护国家利益、社会利益、公共利益,而且能促进法治政府和法治社会建设。

回建,河北省张家口市委书记

我们有一个总的想法就是，推进这项工作，一是责任担当，二是强化监督，三是铁面司法。

作为市委来讲，在具体工作当中我们是四大班子一把手和50多个市直部门一把手成立了一个领导小组，市委市政府也出台了加强检察公益诉讼的实施意见，市人大在行政执法管理当中也明确了检察机关的职能，使公益诉讼能够有序地规范地展开。

我们市检察院在这个过程当中，对一些重大的问题能够提出司法的建议。

比如说，我们有一个县，在桑干河上，叫涿鹿县。当时垃圾乱倒，县检察院就向县政府提出了检察建议。这个时候市检察院及时地把这个建议报到了市委，市委政府联合给我们开展集中的清理活动，沿桑干河再现了昔日的清澈。

最关键的是刚才张检也讲到的问题，司法建议怎么落地，怎么执行，你光讲建议，最后它不整改，怠于整改，这个时候作为市委要追责，对按时间建议不能整改的真正地提起诉讼。我们市委市政府要求政府及相关部门的责任人要出庭，以此来倒逼责任落实。

公益诉讼制度保护青山绿水

王端端

在检察公益诉讼的所有案例当中，环保确实占了相当大的一部分，那么这个制度对于环保问题的解决，对于绿水青山有什么样的促进作用呢？

别　涛

检察机关参与环境的公益诉讼，从环保行政部门角度来看，我想有这么几个关键词，这是我个人最近这几年的体会。

第一它是必要的，第二它是有效的。

别涛，
生态环境部
法规与标准司
司长

为什么有效？是基于它是一支独立的力量，是一个外部的监督机制。为什么必要？刚才教授也谈到了，有种情况是"非不能也，实不欲也"，我认为行政机关它是有一定较强的能力的，但是如果没有足够的动力来推动它，它遇到了一定的阻碍、障碍或困难时，它很可能就怠于履职。

特别是刚才提到湖南的这个案子，是全球500强房地产开发的巨无霸，一个区县一级的长沙县环保局要跟它去做对抗，在我们的现实生活中，它的力量、资源可能面临着实际的困难。

所以在这种情况下，检察院作为一支独立的法律监督机制力量从外部来监督。包括刚才黄石的例子，检察院出面，先礼后兵，报送政府的部门，甚至报送市委政府协调推动，同时推动多个部门来相互履职，否则的话，咱们就是要法庭上见。

所以从我的观察来看，人民检察院参与包括生态环保领域的公益诉讼，它为我们环保法律的实施提供了一个新的、独立的、独特的、有效的外部监督机制，我个人对它非常看好，我也祝愿这个机制行稳致远。

作为环保的行政部门，我们应该利用好这个法律提供的新的武器和新的机制。

公益诉讼中行政部门与检察机关是什么关系

王端端　我想环保问题也是我们老百姓最能够摸得到、看得着解决效果的问题。

那么在检察公益诉讼当中，行政部门与检察机关应该是一种什么样的关系呢？我们也请张检跟我们来说一说您的观点。

张雪樵　从公益诉讼的定位来讲，我们首先是把它定位为公益之诉，公益是政府和检察机关共同维护的目标。

其次是督促之诉，你说目标是一致的，但是两家看问题的角度是不一样的，程序上的利益是不一样的。

如果实体利益完全不一致，比如说我们老百姓打官司，张三打李四，这个钱要么是你，要么是我，你怎么样调和，真金白银不会让步的，因为实体的利益是最基础的。

正因为政府和我们检察院，保护公共利益的实体目标是一致的，所以我们通过督促，能够把问题解决，关键是刚才生态环境部的司长也讲了，行政机关本身认识到想做好这件事，有时候是要借这个力。

解决那个草原的问题，它不是一家，要有四家，若放在平时，你推我我推你，推到猴年马月也不知，但是检察机关是谁有责任就找谁，四家有责任全部带上，这是新的工作机制产生的一个效果。

另外一点，我们把公益诉讼也定位为协同之诉。

一个篱笆三个桩，三个桩各司其职，就会坚如磐石；如果少一个桩，就会风雨飘摇。所以政府与检察机关的协同关系，也是公益诉讼当中一个十分鲜明的、明确的定位。

检察公益诉讼形成的双赢结果与设计初衷是否一致

王端端　通过检察公益诉讼这个制度，政府部门和检察机关形成合力，得到了双赢的结果。

那么这一结果与当初设计的初衷，是不是完全一致的呢？

周汉华　公益诉讼制度有没有达到目标，关键看效果。

行政公益诉讼制度是党的十八届四中全会提出来的，那么十八届四中全会里边，对于贯彻习近平总书记提出的，在每一个司法案件中让老百姓感受到公平正义，而且特别强调执法为民，那么从今天张检、从地方和中央部委同志介绍的这些鲜活个案，这种实际效果来看，我想是完全达到了。

应该说，让我更加感觉到振奋的是，机制上发生了变化，就是通过这个制度的设计，相当于产生了一个鲶鱼效应，搅动了一个我们传统上甚至有一点僵化、固化的格局。

比如说行政执法的力度不足，很多违法的现象放任没有人来负责，往往都是体制的问题存在，但是通过这种检察机关提起公益诉讼这种新的机制的设计，整个就使传统体制被撬动了。

也像刚才主持人所说到的，它像一个杠杆，或者像一个支点，使我们在国家治理体系和治理能力现代化上迈出了很重要的一步，所以它应该说超出了包括我们这些研究者的最初的预期。

潘剑锋

我也觉得这样的一个目的,基本上或者说初步上是实现了。但是我们也要认识到,这项制度才刚刚起步,其实还有很多问题值得我们进一步思考。

比如说就在行政诉讼领域,张检讲到这么一些例子,以及在实践中发生的这些提出检察建议的也好,提起行政诉讼的也好,一般来讲都属于不作为的行政机构,它是特别明确的。

但是在社会现实中,有些可能发生了一些社会事件,到底是由什么样的行政机构主管?它不是很明确,那么关于这一类事件检察机关如何介入?以什么作为抓手?我觉得是值得思考的一个问题。

王轶

西方有一句话是这么讲的,事实之一页,抵得上逻辑上之一卷。其实我们中国人就同样的意思,有一句更精炼的话,那就是事实胜于雄辩。

检察公益诉讼可以说打通了不同分工、不同实现方式的任督二脉,能够让两种不同的方式、途径携起手来,共同地实现我们所追求的目标。

> **画外音**
>
> 本期节目中,张雪樵大检察官和在场嘉宾,围绕生态环保这一检察公益诉讼的重点领域,就检察公益诉讼中检方与行政机关的关系等热门话题进行了深入探讨。
>
> 随着检察公益诉讼制度影响的日益扩大,人民群众对它也提出了更多的希望和要求。
>
> 那么,检察公益诉讼能够帮助老百姓解决哪些身边的实际困难?面对骚扰电话、垃圾短信等关系老百姓切身利益的热点、痛点问题,检察公益诉讼制度又会施展怎样的威力呢?《法治中国说·大检察官说》——以公益的名义下集,将继续为您呈现。

以公益的名义（下）

骚扰电话打爆120,检察机关能否出手治理?

李　钟:一个月打了1600多个,最多时一天打了90个。

张咏梅:骚扰电话,对所有老百姓来说是不可言、无处说,不知道到哪儿去打官司,不知道去告哪儿。

法律授权范围有限,民生热点、痛点众多,检察公益诉讼能否包治百病?

王　燕:很多老百姓在点外卖的时候,可能是看图片诱不诱人,点评的评价度高不高,但是我们在监督的过程中就发现,很多的违法行为一直存在。

周汉华:公益诉讼制度,要体现它执法为民这个最基本的宗旨,就必须要在这些重点领域有所作为,有担当。

潘剑锋:检察公益诉讼并不一定能够包治百病。

而相关法律规定中的一个"等"字,又将引起怎样的热议?

周汉华:行政公益诉讼里边还有一个"等"字,那么这个"等"字非常重要。

王　轶:就是它一定不是"等内"等,而是"等外"等。"等内""等"不能等,"等外""等"当然也不能等。

张咏梅:我们更想在以后能够有"等"不要等,能够主动出击。

以公益的名义,听大检察官为您讲述公共利益如何维护。

检察公益诉讼能解决哪些问题

王端端 我们知道检察公益诉讼制度最初设立的时候,是解决一些像环保、生态还有食品安全等问题,但是这一年来检察公益诉讼制度,范围在不断地扩大,比方说一些骚扰电话,还有垃圾短信问题等,都已经得到了一些解决。

说到骚扰电话,我想电视机前的观众朋友都会有同样的感受,就是我们现在接到的骚扰电话太多了,甚至一天一半的电话都是骚扰电话,这个问题能不能通过检察公益诉讼制度来得到解决呢?

我们请到了浙江省宁波市海曙区的检察院李钟检察长,来听听他对这个问题的看法。

李钟 骚扰电话这个问题涉及面比较广,而且时间比较长,在宁波我们也发现它是一个顽疾。

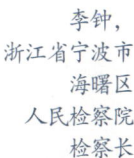

李钟,
浙江省宁波市
海曙区
人民检察院
检察长

骚扰电话这个问题涉及面比较广

因为我们的市级人大代表,曾经作为议案提出过,后来置之不理。另外,我们宁波的电视台、中央人民广播电视台宁波记者站、《现代金报》都进行过跟踪报道,也置之不理。

集中爆发是我们的"120"生命热线台,被骚扰电话打进,一个月打了1600多个,最多的时候一天打了90个。那么120的工作人员,向公安机关报案。这种情况之下,我们的记者还是见不到通信管理局的领导和营运商,这个时候检察机关的法律监督就呼之欲出。

网络平台公司告诉我们,它一年要给营运商交整个号池的电话号码的租用费将近1000万元,所以营运商不来管我们。

我们调查清楚这些情况以后,进行了汇总,收集这些证据,把证据固定下来。

> 画外音
>
> 面对屡禁不止的骚扰电话,宁波市检察机关出手了。
>
> 行动之前,宁波市海曙区检察院专门邀请专家进行了论证,还开展了对市民和人大代表、政协委员的问卷调查。在3000多份针对宁波市民的调查问卷中,95%的市民认为,骚扰电话是社会公害。
>
> 几乎所有的人大代表和政协委员强烈要求检察机关履行治理骚扰电话的公益诉讼义务。在此情况下,宁波市海曙区检察院成立专案组,明察暗访,掌握了骚扰电话背后的利益链条。
>
>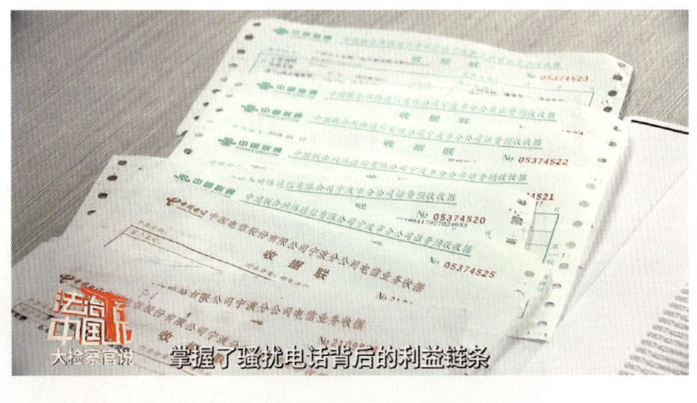

李钟 我们在2018年7月12日向宁波市通信管理局发出了骚扰电话的公益诉讼的检察建议。在7月18日,宁波市通信管理局率领三大运营商到了我们海曙区检察院,给我们答复,并且做一个探讨。

我说你们打开后台,只有呼出电话,没有呼入电话,有巨额话费,老百姓投诉过的都是骚扰电话,你们既然管理不到位,你就把它掐掉。

在我们宁波，联通公司以"2"字开头的就是骚扰电话，移动公司以"5"字头开头的是骚扰电话，中国电信以"181"开头的是骚扰电话。从8月1日开始，全宁波人民这三个数字开头电话都收不到了。

还有一部分消费者要求说，现在收到的骚扰电话都是省外的，那么这种情况，能不能全省、全国来推广，彻底根治骚扰电话的骚扰。

王端端　　我们能够感觉到，宁波的老百姓非常地高兴，这确实是我们每个人生活中都会遇到的一个大的难题，那当地群众是怎么想的？

我们现场请来了全国人大代表、宁波市镇海中学党委书记张咏梅给我们介绍一下。

张咏梅　　实际上，骚扰电话对所有老百姓来说是不可言无处说，不知道到哪儿去打官司，不知道去告哪儿，这么一个心头之痛。

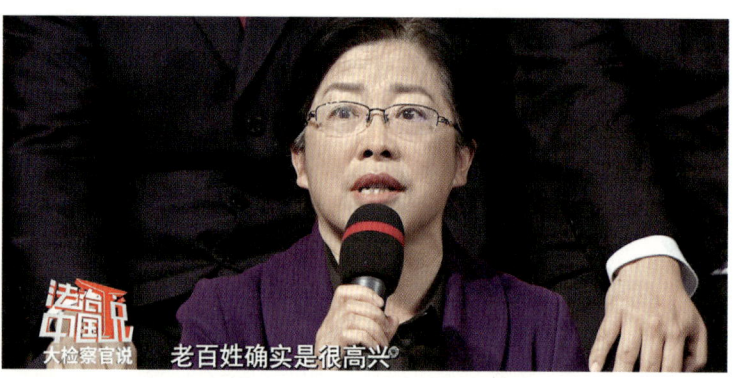

张咏梅，
全国人大代表、
宁波市镇海中学
党委书记

事实上正像李检刚刚所说的，宁波对这个问题很重视，包括我们人大政协多次议案提案，媒体曝光一直没解决。

而在2018年检察机关介入了以后，这个问题就得到了部分、大部分解决，老百姓确实很高兴。

实际上最初的时候,你把骚扰电话和检察机关怎么也挂不上钩的。这里就让我想到,其实公益诉讼从2017年出台以后,主要内容有四条,其中有一个"等"字。

实际上这正证明了检察机关有个"等"字,它没有等,它在不违背立法原意的基础上,不断拓展了它的职能,从维护老百姓利益的角度,去做了一些实事,利民的好事,我们更想在以后能够有"等"不要等,能够主动出击,确实做一些利民为民的好事。那么从这个角度来说,公益诉讼才可能得到老百姓更多更大的认可。

王端端

好的,张女士代表一方百姓发出的心声。

那么可能还有朋友会有这样的想法,除了像这种骚扰电话,还有一些我们身边具体的事情能不能得到解决呢?比方说小区里养狗太多,刚才演讲中张检也提到这个范围,另外还有乱贴小广告等,这些能不能通过检察公益诉讼制度的实施来得以解决呢?

王 燕

目前检察机关开展公益诉讼主要的领域是生态环境和资源保护、食品药品安全、国有财产保护和国有土地使用权出让,它主要的领域是限定在这四个方面,但是就像刚才李检所讲,我们在实践中也会探索。

王燕,山东省人民检察院民行二处四级高级检察官

现在群众反映比较多的像是网络外卖，这个问题群众比较关注。很多老百姓在点外卖的时候，可能是看图片诱不诱人，点评的评价度高不高，但是我们在监督的过程中就发现，其实很多的违法行为一直存在。

结合老百姓关心关注的问题，我们开展了相应的专项监督活动，实践中也取得了很好的效果。

所以我们认为是，在开展工作过程中，应该结合具体的形势发展，结合当前群众的需要，积极地探索一些新的领域。像您刚才说的，一些虚假的宣传广告等，包括安全生产领域，其实我们也在逐步地探索。

检察公益诉讼的范围该如何确定

王端端

确实减轻社会危害，同时维护公共利益，检察官身上的担子是越来越重。

刚才我们谈到了很多民生方面，比方说垃圾短信、骚扰电话，还有小区养狗，包括网络外卖，这些问题汇总在一起，范围是相当地广泛。

哪些问题应该管，哪些不应该管，哪些要着重管等，我们再来听听现场四位专家的意见。

周汉华

公益诉讼的范围怎么来确定？

第一个当然是我们说根据法律，那么民事诉讼法的修改，行政诉讼法的修改，对公益诉讼的边界有明确的界定。

第二个，我想从实践的发展来看，从我们法治改革40年的成就和经验来看，老百姓在维护公共利益方面的痛点、难点和热点的领域，就应该是公益诉讼发挥作用的重点领域。

对公益诉讼的边界有明确的界定

因为我们知道，比如说互联网，不光只是骚扰电话、垃圾短信这样的让每一个人都不胜其烦、求助无门的现象，其实对于个人信息的滥用，甚至导致严重的、连续性的、连锁的后果的杀人、绑架等。

所以在我们的生活周边，就是这种公共利益，每个人的切身利益都受到危害，都受到侵犯，但是又总觉得不知道到什么地方去找谁来管。

公益诉讼制度，要体现它执法为民这个最基本的宗旨，就必须要在这些重点领域有所作为，有担当，来解百姓之痛。

潘剑锋 按照我的了解，原来立法的时候，无论是民事诉讼法还是行政诉讼法，关于公益诉讼的范围，包括要列举哪些，就有过很激烈的争论。

因为以列举的方式，你要穷尽这个范围是不大现实的，所以就用了"等"这个字。

刚才我觉得李钟检察长谈得挺好，实际上关于垃圾短信的问题是立法中没有明示的，属于"等"的范围，他们进行了很充分的论证，我是很欣赏这样的一个态度的。

检察机关参与公益诉讼，已经取得了不错的成绩，但是在成绩面前，我们一定要冷静地思考。检察公益诉讼并不一定能够包治百病，不是说行政执法过程中，以及民事纠纷过程中的一切问题，检察公益诉讼都能够解决。即使能够解决，也要注意它的边界。

因为从检察机关提起公益诉讼这个原理上来讲，一直强调检察机关介入行政公益诉讼和民事公益诉讼，要保持谦抑性，通俗地说就是它要有一定的限度。因为检察机关是国家的公权力机关，它背后是以国家强制力作为后盾的。

检察机关介入到公益诉讼虽然合适，但是这个边界一定要把持好，这是从原理上来讲。

另外，从公益诉讼检察机关负担能力上来讲，我觉得也应该予以考虑，现在因为刚刚开始，检察机关热情比较高，能力、配置相对也还富余，如果说范围无限制地扩大，可能以后检察机关人力、物力上配备也是个问题。

卓泽渊

人民检察院开展公益的诉讼很好，但是我们必须明白，很好不是任性，不是说凭一个检察机关，或者一个检察员认为是公共利益就是公共利益。

哪些叫公共利益，我觉得一些除了食品卫生、药品安全、环境保护、土地、国有资产可以确定的领域以外，许多可以确定的我们可以在法律中明确的把它规定出来，是不是可以在另外一些领域，设定一个程序化的标准。

▲ 湖南省检察机关2018年在全省开展农贸市场专项检察监督活动，督促行政机关加强食品安全监管。

比如说刚才宁波检察院的领导就谈到，我们能不能做一些群众问卷，找出一个客观标准，有多少群众认为影响了公共利益，是对公共利益的伤害，我们检察院提起公益诉讼。

所以说，人民检察院如何提起公益诉讼，提起公益诉讼标准是什么，我们提起过程中应该遵守怎样的实体和程序规定，还需要更详细的制度构建，也还需要在理论上作更深入的研究。

王轶

刚才全国人大代表张咏梅老师，还有前边的几位专家都提到了我们现行法上有关公益诉讼在采取了类型的列举之后，还专门用了一个"等"字。

这个"等"我相信人们都分享一个重要的法律共识，就是它一定不是"等内"等，而是"等外"等，也就是说，公益诉讼的范围一定是不限于，现行法上业已作出明确列举的那些类型，还包括我们在未来积累足够共识，可以进一步去扩大的类型。

"等内"等不能等，"等外"等当然也不能等。还没有足够法律共识的，我很认同前面几位老师所表达的意见和想法，一定要通过法律所认可的表决程序、表决规则来作出符合法律规定的认定。

王端端

几位专家都从非常专业的角度为我们提出了冷静的思考还有深思，那么检察公益诉讼到底适用于什么样的范围？

接下来我们再有请最高人民检察院胡卫列厅长来谈一下他的看法。

胡卫列

公益诉讼适用范围，确实是公益诉讼制度发展当中最重要的一个问题。

公益诉讼，其实是事关国家治理体系和治理能力现代化全局性的一种制度安排和重大改革举措，所以它的范围应当是一个比较广泛的，这是一个基本判断。

但是另一个判断，其实国家在试点，特别是包括在立法过程当中，我们也清晰地看到，它其实是一个有序推进的过程，体现了一种改革的、慎重的、法治的立场。

那么，在实践当中我们大体有这样几个考虑：

第一个，我们首先应当严格地坚守法律的规定，来确定我们公益诉讼的范围。

目前两部法分别规定了两种和四种公益诉讼的范围，《中华人民共和国英雄烈士保护法》又给予了第五种就是英烈名誉的民事公益诉讼的诉讼权力，我们要在把法律规定已经明确列举的这些案件类型要办好，同时刚才很多专家也提到，这里虽然是五大类，但其实涵盖的范围是非常广泛的，我们在这个范围内依然还有很多探索的范围，拓展的空间。

▲ 2018年6月13日，江苏省淮安市人民检察院提起的"全国首例英烈保护公益诉讼案"在淮安市中级人民法院公开开庭审理。

第二个是探索和试点过程当中，中央和国务院在一系列文件当中，虽然还没有到法律层面，但是提出了建立公益诉讼的一些规定，比较典型的是党中央和国务院在《关于推进安全生产领域改革发展的意见》当中，特别提出来要研究建立安全生产领域民事和行政公益诉讼制度，所以在这样的范围里，我们逐步通过探索，来落实党中央国务院这样的一些要求和规范，把它写到法律当中来进行个案探索，也是我们的方向。

最后一个就是像一些新的领域，我们要依照相关的法律规定和要求，通过法定的手段，来有序地推进探索。

王端端　这项制度确实像刚才胡厅长所说的，它很年轻，所以一直在路上。

另外刚才我们看到，很多嘉宾对于范围适用这个"等"字都特别感兴趣，因为我们知道，现在社会日新月异，未来大家一定会对什么是公共利益形成新的共识，也会有新的公共利益受损的情况，那关于这个适用的范围，张检是怎么看的？

张雪樵

检察公益诉讼的范围肯定不仅仅是到2017年"两法"修改的范围为止,还一定会往"等"外发展,这是因为新时代人民群众,对民主、法治、公平、正义、环境、安全等方面提出了新的需求。

习近平总书记有句话对我们很有指导意义:时代是出卷人,我们是答卷人,人民群众是真正的阅卷人。

公益诉讼范围要扩大,扩大到什么范围,用什么程序来扩大,人民群众应该发挥更多的作用,包括刚才宁波李钟同志谈到的通过问卷,向人民代表问卷,还有通过专家学者第三方来论证,这都是人民群众在发挥作用。

公益诉讼要发展,同时要注意理性克制,特别是公权力每向前进一步,必须要以对私权利的充分的保障为前提、为基础,这样人民的权益才会得到维护,人民利益的充分的保障和维护也是我们检察机关追求的、奋斗的目标。

一只小小的螃蟹,为何引动检察机关出手?

  薛国骏:市面上销售的大闸蟹,大多数都是假冒的阳澄湖大闸蟹。

  王 轶:不是阳澄湖大闸蟹却以阳澄湖大闸蟹的名义进行销售,从民法的角度来讲,这就是欺诈。

 公共利益受损,情况千变万化,检察机关如何利用多种手段,打好组合拳?

  张雪樵:见招拆招,触及了什么类的法律责任,我用什么样的法律手段来解决,如果来势凶猛,武林高手,那我要打"组合拳"。

  周 虹:谁要是打起生态环境,或者是公众舌尖上安全的歪主意,检察机关就要让他在自由上付出代价,在经济上受到制裁,在名誉上受到否定。

检察机关综合运用刑事、民事、行政公益诉讼手段

王端端　　我们知道检察公益诉讼分为行政公益诉讼和民事公益诉讼两种方式，那么在这里我们有这样的一个问题。

　　举例来说，如果说遇到环境污染或者是食品安全问题的时候，检察机关是通过行政公益诉讼来监督行政部门的责任还是通过民事公益诉讼来追究企业或者个人的责任呢？

　　关于这个问题，我们节目现场请到了广东省广州市检察院副检察长周虹，请她来谈一谈。

周　虹　　在生态环境和食品药品安全领域，损害众多消费者合法权益的行为，是检察机关行政公益诉讼和民事公益诉讼的竞合领域。

周虹，
广东省广州市
人民检察院
副检察长

　　在这两个方面，检察机关可以综合运用它的手段，有效地衔接刑事公诉、民事、行政公益诉讼手段来全面地保护和救济受损的公共利益。对此广州检察机关，有过成功的实践。

　　刚才大检察官提到的广州假盐案，被告人刘邦亮承担了刑事责任以后，检察机关继续对他提起民事公益诉讼，要求他承担销售额10倍的赔偿款，这个赔偿款可以避免刘邦亮的侵权责任落

空,同时也可以让潜在的违法者心生敬畏,从根本上维护社会公共利益。

总之一句话,检察官是公共利益的代表,谁要是打起生态环境,或者公众舌尖上安全的歪主意,检察机关就要让他在自由上付出代价,在经济上受到制裁,在名誉上受到否定。

假冒阳澄湖大闸蟹问题能通过检察公益诉讼解决吗

王端端

双管齐下其实效果是可以加倍,或者是更多倍的。

另外在这里我们再举一个通俗易懂的例子,一到秋天的时候,很多人都会想到要吃阳澄湖的大闸蟹,但是我们可能都知道,现在假冒的阳澄湖大闸蟹也非常的多,这一定损害了很多蟹农或者一些消费者的利益,那这种情况能不能通过检察公益诉讼制度得以解决呢?

我们再有请江苏省苏州市检察院副检察长薛国骏来给我们介绍一下相关的情况。

薛国骏

在介绍我们办理情况之前,我先跟各位简单地介绍一下,什么叫阳澄湖大闸蟹。

2005年的时候,国家质检总局曾经作了一个定义,这个定义就是在阳澄湖自然水体113平方公里的范围内,饲养超过6个月的大闸蟹,才能够称之为阳澄湖大闸蟹。

薛国骏,
江苏省苏州市
人民检察院
副检察长

现在阳澄湖养殖的面积有1.6万亩,产量据我们估算不会超过2000吨大闸蟹,那么这一部分的大闸蟹品质非常好,而且它的食品安全是得到很好的保障的。

但是据我们知道,全国各地几乎所有的城市,都有挂着阳澄湖大闸蟹的牌子的店在进行销售,同时通过电商的平台,也销售了大量的以阳澄湖大闸蟹名义卖出去的大闸蟹。

我们不完全地统计,这一部分的数量,可能是正宗的大闸蟹10倍左右,换句话说,也就是市面上销售的大闸蟹,大多数都是假冒的阳澄湖大闸蟹。

对于这种情况,我们检察机关就应该有所作为。

我们首先是利用了行政诉讼的诉前程序，向市场监管等部门发出了三份诉前的检察建议，在我们的督促之下，有关的行政部门积极作为，也有力地打击了假冒阳澄湖大闸蟹的情况。

同时我们也运用了民事公益诉讼的手段，调查当中也发现，有一些假冒的阳澄湖大闸蟹是有着食品安全的问题的，还有一些是专门收购死蟹来剔除它的蟹肉和蟹黄，做成蟹制品，这部分应该说也是有相当大的危害的。我们收集了这些材料以后，下一步也会提供给有关的公益组织，如果没有公益组织来诉讼，检察院也会直接进行公益诉讼。

民事公益诉讼与行政公益诉讼之间有界分的标准吗

王端端 两位检察长都是从他们各自鲜活的工作当中的例子，给我们介绍了在执行检察公益诉讼的制度当中所使用的手段。

其实我们看到，并不是说行政或者民事是泾渭分明的，而往往是齐发并立来进行，那么对此您觉得应该怎么来界定这个到底是民事还是行政，有没有什么样的标准，或者说在实际工作中应该怎么操作才会更好呢？

王 轶 不是阳澄湖大闸蟹以阳澄湖大闸蟹的名义进行销售，从民法的角度来讲，这就是欺诈，欺诈所造成的损害范围是很广泛的。这个时候有没有公益诉讼提起的空间呢？

（王端端：可能很多人还没有真正吃过阳澄湖大闸蟹呢？）

很有可能是这样，那这意味着什么呢？

这就是我们一开始讲的，并不是那些被损害的人不想去寻求相应的救济，他们有这个欲望，但是实在是没有这个能力。

从这个意义上来讲，检察机关提起的公益诉讼，应该说有自己发挥作用的空间。

至于说是行政还是民事公益诉讼，我想这个关键是看我们在提起公益诉讼的时候，提起的内容是什么。如果我们的目的是直接服务于对这些受害人所遭受的损害进行的救济，解决的是这些受害主体在民法上获得相应的赔偿的问题，可以讲，这是民事的公益诉讼。但如果说提起的公益诉讼是要督促那些应当履行自己的职责，而没有履行自己职责的行政机关，要依照法律的规定，去履行自己的行政职责，这个时候，就会涉及我们所说的行政公益诉讼。

潘剑锋 简单补充一下，我觉得赋予检察机关提起公益诉讼这样的一种权力，它实际上是在一定程度上弥补相关的社会团体力量不足，或者说在相关的情形下，没有相关的社会团体存在，因此没有人去提起公益诉讼的情形。

所以总的来讲，今天谈到这个话题，**我觉得在行政公益诉讼中，检察机关可以更多地来发挥作用，而在民事公益诉讼中，如果说有相关的社会团体有可能提起，应该尽可能由这些团体来提出。**

张雪樵

检察机关公益诉讼有多种手段，用一个武术的概念来讲，就是见招拆招，你触及了什么样的法律责任，我就用什么样的法律手段来解决。如果来势凶猛，武林高手，那我要打"组合拳"。

面对损害公益的情况，有时候需要政府为主，下猛药，那我们督促政府去采取措施。对有些政府也没有办法的，可能需要用民事诉讼的一些手段。

◀ 2015年12月16日，山东省庆云县人民检察院因县环保部门不依法履行职责，依法向庆云县法院提起行政公益诉讼。这是全国人大常委会授权检察机关提起公益诉讼试点工作后，全国首例行政公益诉讼案件。

▶ 2015年12月22日，江苏省常州市人民检察院对许建惠、许玉仙污染环境案向常州市中级人民法院提起民事公益诉讼。这是全国人大常委会授权检察机关提起公益诉讼试点工作后，全国首例民事公益诉讼案件。

损害公共利益重大案件，检察机关面临压力，如何化解？

张雪樵：法律的问题，最好是用法律的制度的完善来解决，因为法律这个规则很稳定。

 公益诉讼中，行政机关的整治效果，如何监督？

张雪樵：如果说有客观的原因，检察机关也考虑给你一定的期限。如果人为地拖延，那么检察机关就进入下一阶段，提起诉讼。

 对检察公益诉讼制度的将来，专家和检察官又会表达怎样的畅想？

卓泽渊：生态环境的问题，我认为是至为重要的，那我还要说食品和药品的问题必须是重中之重。

王　轶：检察机关的公益诉讼今天是在路上，我相信以后也会永远都是在路上。

张雪樵：公益诉讼，顺乎民心，成于核心，贵在同心。

检察机关办理公益诉讼案件如何应对压力

人民日报

张检好，各位专家好，我是《人民日报》的记者。

在一些案件中，比如说破坏生态环境的重大案件，地方检察机关可能会面临地方政府的一些压力，或者是阻挠，那么对于这样的情况，最高人民检察院有没有一些应对的措施？

张雪樵

像这种情况怎么办，最高人民检察院也在探索，因为管仲有句话，"法者，万世之仪表也，天下之程式也"。

法律的问题，最好是用法律制度的完善来解决。因为法律这个规则很稳定，大家也看得清，下面怎么做都有章可循，尽量是少采用人为的随机的方法去处理。

我们想从制度上，考虑能不能探索建立跨区划的公益诉讼。如果你地方政府有压力，检察机关也推不下去，那么是不是可以指定管辖到其他的检察院来办理公益诉讼。

还有第二种情况是针对长江、黄河、珠江、东北的辽河、天津的海河这些大河流域,我们也在试点探索上管一段。江苏的污水排放案件由上海来解决,由上海来管辖,江苏的再去管安徽,安徽的去管江西,江西的管湖北,湖北的管湖南,这样可能能解决地方的保护、地方的干预。

那么除了制度建设之外,当然我们对一些个别的案件是通过督办、交办,但这应该是一个个例,常态的应该是制度。

检察机关如何有效监督

CNR 中国之声　张检好,各位专家好,检察机关提起公益诉讼制度,从试点到修法,中国之声一直持续关注。

我的问题是,在企业和政府部门进行整改的时候,公益诉讼过程中检察机关如何有效地监督?胜诉之后对判决的执行如何有效地监督?

张雪樵

您这个问题涉及检察公益诉讼当中的两个阶段，第一个问题主题应该是我们发出的检察建议，督促政府、行政机关对某些违法的企业要采取行政的监管。

如果在这个情况下，政府没有采取积极措施，或者碰到了客观的困难，比如垃圾焚烧，垃圾的填埋，这不是说你说要解决就行，它需要找新的地方，这个地方周边的老百姓又要支持理解，你才能在那边建一个垃圾的焚烧站。那么检察机关也考虑给你一定的期限，你能不能办，或者能不能办好，如果是能办而不办，人为地拖延，那么检察机关就进入下一阶段，提起诉讼。

另外就是检察建议发出之后，我的理解你讲的是，少数的政府的工作人员采取弄虚作假等阻碍公益问题的手段解决，那是一个性质的问题，你是站在人民利益的对面，应该是根据你的主观恶性，也包括我们获得的相关信息，作为违纪违法的线索，移送监委纪委等机关处理。

再一个就是第三种情况，比如是到了提起了公益诉讼法院判了执行的下文如何，对于法院的执行，检察机关依据民事诉讼法或者行政诉讼法进行诉讼监督，这项制度已经很成熟了，有章可循。

对检察公益诉讼的未来有何期待

王端端　我们说检察公益诉讼制度是一项年轻的制度，它从正式确立至今，只是走过了短短一年多的时间，尽管在保护公共利益方面取得了很大的成效，但是相信未来还有很多地方需要完善。

我也想问问各位专家，对于检察公益诉讼制度未来有怎样的期待呢？

卓泽渊　我们目前开展的检察公益诉讼，尽管说大的种类不多，但是实际上我们要执行起来，内容也是非常庞杂的，生态的、国家财产的、国有土地的、生产安全的，甚至我们还考虑到了骚扰电话、电信垃圾等。

但是我以为在所有涉及公共利益的事项中，是有轻重的，不是说我们人民检察机关可以不分轻重地平均投入力量，那样人民最关心的、最关切的，真正最公共的利益可能反倒会被忽略，或者被我们漠视。

刚才王教授所讲的，生态环境的问题，我认为是至为重要的，那么我还要说食品和药品的问题必须是重中之重。

人民呼吸的空气都不能洁净，人民吃的食品、人民服的药、享受的医疗都没有保障，我以为，作为法律人，是无法面对人民期盼的眼神的。甚至我以为保护大闸蟹也重要，但是与大闸蟹比起来，食品、药品、生态环境更加重要，当然大闸蟹也是该保护的。

潘剑锋　今天咱们这个话题是公益诉讼，而且主要是围绕检察机关提起行政公益诉讼，而且重点部分还在于诉前的检察监督。

我想提醒大家注意的是，检察公益诉讼实际上有另外一个很重要的战场，就是真正地到法院去提起诉讼。

这方面我们国家立法上还是相当原则的，无论是民事诉讼法还是行政诉讼法，只有一条的规定，相对应的司法解释也比较薄弱，所以我觉得今后检察机关公益诉讼要得到比较好的发展，完善我们的制度建设是重中之重。

包括今天我们谈到的，公益诉讼的范围，以及在典型的诉讼过程中，检察机关具体的权力义务，包括检察机关提起公益诉讼承担的相对应的证明责任，还有很具体的裁判结果的承担，很具体的相关费用谁来保管，如何支出等，目前这些都没有具体的规定。

所以我作为一个程序法方面的学者，很希望通过完善具体的公益诉讼制度，来促进检察机关提起公益诉讼制度的发展。

周汉华

最近这些年，如果我们从老百姓的角度来看我们的制度，有时候大家是有一些失望的，程序空转、文书旅行、细节迷宫，打完这个诉讼打那个诉讼，最后问题解决不了，除了律师高兴，没人高兴。

所以我想检察公益诉讼作为一项新的制度，它的生命力不只是写在法律当中，也不只是体现在要建立的队伍上，更重要的是要真正能帮老百姓解决问题。

所以只有这个制度在维护老百姓公共利益的过程当中，真正让老百姓认可，能真正给大家解决问题，这个制度才真正有生命力，所以我也祝愿检察公益诉讼成为人民利益最有力的维护者，最有力的制度之一。

王 轶

保护生态环境，它的重要性和迫切性可以说是所有中国人进入21世纪第二个十年分享的一个共识，它代表着进入21世纪第二个十年的时候，我们中国人对自然的看法、对人和自然的看法发生了非常大的转变。

我注意到，在张检刚才所做的演讲和今天各位嘉宾互动中间都不时地会提到，检察机关的公益诉讼对生态环境的保护所作出的贡献。

那与此有关我有两点具体的建议，首先一个具体的建议，有的时候对生态和环境的损害，未必会导致某一个特定人的人身权益或者财产权益遭受损害。比如说某一种物种可能要灭绝了，而这种灭绝并不是哪个人的人身或者财产权益遭受到了实际的损害，对于这种情形下的生态环境的损害，我们的公益诉讼能够发挥什么样的作用，我觉得未来值得考虑。

第二个就是在民法的工具箱里边，对生态环境去进行救济，除了进行生态的修复和损害赔偿之外，还有像停止侵害，还有像消除危险、排除妨碍，有的时候生态环境的破坏是不可逆的，花多少钱用什么样的手段都无法再恢复了。我们怎么能够在公益诉讼中间，善用民法工具箱里这么丰富的工具，来实现我们保护环境和生态的目的，我觉得未来也值得我们去考量。

的确，像主持人你刚才提到的，检察机关的公益诉讼今天是在路上，我相信以后也会永远都是在路上，我祝愿我们检察机关的公益诉讼能够行得稳走得远。

王端端 | 今天我们首先是从张雪樵大检察官的演讲当中,走近了检察公益诉讼制度。那最后我们再有请张雪樵大检察官给我们对于检察公益诉讼制度做一个总结。

张雪樵 | 今天这个对我来说也是深刻的教育学习,我感慨良多,浅表如下:

大道之行,天下为公。百年之问,民为邦本。公益诉讼,顺乎民心,成于核心,贵在同心。任重道远,不改初心。公益大治,还看中国。

王端端 检察公益诉讼制度是维护公共利益的一把利剑。这把剑,一头连着当下的民生,另外一头连着美丽中国、法治中国的壮美图景。有了司法的保障,我们迈向目标的步子才会更加稳健,我们维护公共利益的底气才会更足。

当然,维护公共利益并不是哪一个人的责任,也并不单单是检察机关的责任,它需要所有的受益者携起手来,形成合力,我们建设美丽中国、法治中国的梦想,才会更好、更快地实现。

后　记

2019年1月7日至1月11日，由中央广播电视总台与最高人民检察院联合推出的大型法治演说节目《法治中国说·大检察官说》，在中央广播电视总台央视社会与法频道播出。本着"国家定位、民生视角"的理念，立足党的十九大作出的决胜全面建成小康社会、打赢"三大攻坚战"的重大部署，结合法治中国建设的战略目标，最高人民检察院副检察长孙谦、童建明、张雪樵、陈国庆四位二级大检察官，围绕"刑事法律监督""牵住司改的'牛鼻子'""守护成长""以公益的名义"等四个主题进行演说，解读宣传检察机关在维护国家政治稳定、维护市场经济秩序、促进社会公平正义、严厉打击破坏生态环境资源犯罪、提升社会公众安全感等方面担负的重大社会责任、推出的重要举措和取得的显著成果，以及人民检察官司法为民的高尚情怀和专业形象。

节目一经播出，即受到广泛关注。为便于社会各界继续通过《法治中国说·大检察官说》节目全面了解、理解、支持检察工作，体现检察机关"护法卫士"和"普法先锋"的责任担当，我们依托节目内容编制本书，并配以多角度贴合内容的图片，全方位清晰展示检察重点工作。本书还附有受邀专家学者、地方政府代表、媒体代表、一线办案检察官、案件当事人等进行深度交流、多维度分析、多视角观察的内容，这些内容回应了人民群众普遍关注的热点问题。

由于时间仓促，图书编制工作中还存在诸多不足之处，敬请各位读者朋友批评指正。

最高人民检察院新闻办公室

2019年2月